中华精神家园
节庆习俗

粽情端午

端午节与赛龙舟习俗

肖东发 主编　方士娟 编著

中国出版集团
现代出版社

图书在版编目（CIP）数据

粽情端午 / 方士娟编著. — 北京：现代出版社，
2014.7（2020.01重印）
ISBN 978-7-5143-2436-5

Ⅰ. ①粽… Ⅱ. ①方… Ⅲ. ①端午节－风俗习惯－介绍－中国 Ⅳ. ①K892.18

中国版本图书馆CIP数据核字（2014）第165045号

粽情端午：端午节与赛龙舟习俗

总 策 划：	陈　恕	
主　　编：	肖东发	
作　 者：	方士娟	
责任编辑：	王敬一	
出版发行：	现代出版社	
通信地址：	北京市定安门外安华里504号	
邮政编码：	100011	
电　 话：	010-64267325 64245264（传真）	
网　 址：	www.1980xd.com	
电子邮箱：	xiandai@cnpitc.com.cn	
印　 刷：	山东省东营市新华印刷厂	
开　 本：	710mm×1000mm 1/16	
印　 张：	11	
版　 次：	2015年4月第1版　 2020年1月第3次印刷	
书　 号：	ISBN 978-7-5143-2436-5	
定　 价：	40.00元	

党的十八大报告指出："文化是民族的血脉，是人民的精神家园。全面建成小康社会，实现中华民族伟大复兴，必须推动社会主义文化大发展大繁荣，兴起社会主义文化建设新高潮，提高国家文化软实力，发挥文化引领风尚、教育人民、服务社会、推动发展的作用。"

我国经过改革开放的历程，推进了民族振兴、国家富强、人民幸福的中国梦，推进了伟大复兴的历史进程。文化是立国之根，实现中国梦也是我国文化实现伟大复兴的过程，并最终体现为文化的发展繁荣。习近平指出，博大精深的中国优秀传统文化是我们在世界文化激荡中站稳脚跟的根基。中华文化源远流长，积淀着中华民族最深层的精神追求，代表着中华民族独特的精神标识，为中华民族生生不息、发展壮大提供了丰厚滋养。我们要认识中华文化的独特创造、价值理念、鲜明特色，增强文化自信和价值自信。

如今，我们正处在改革开放攻坚和经济发展的转型时期，面对世界各国形形色色的文化现象，面对各种眼花缭乱的现代传媒，我们要坚持文化自信，古为今用、洋为中用、推陈出新，有鉴别地加以对待，有扬弃地予以继承，传承和升华中华优秀传统文化，发展中国特色社会主义文化，增强国家文化软实力。

浩浩历史长河，熊熊文明薪火，中华文化源远流长，滚滚黄河、滔滔长江，是最直接的源头，这两大文化浪涛经过千百年冲刷洗礼和不断交流、融合以及沉淀，最终形成了求同存异、兼收并蓄的辉煌灿烂的中华文明，也是世界上唯一绵延不绝而从没中断的古老文化，并始终充满了生机与活力。

中华文化曾是东方文化摇篮，也是推动世界文明不断前行的动力之一。早在500年前，中华文化的四大发明催生了欧洲文艺复兴运动和地理大发现。中国四大发明先后传到西方，对于促进西方工业社会的形成和发展，曾起到了重要作用。

中华文化的力量，已经深深熔铸到我们的生命力、创造力和凝聚力中，是我们民族的基因。中华民族的精神，也已深深植根于绵延数千年的优秀文化传统之中，是我们的精神家园。

总之，中华文化博大精深，是中国各族人民五千年来创造、传承下来的物质文明和精神文明的总和，其内容包罗万象，浩若星汉，具有很强的文化纵深，蕴含丰富宝藏。我们要实现中华文化伟大复兴，首先要站在传统文化前沿，薪火相传，一脉相承，弘扬和发展五千年来优秀的、光明的、先进的、科学的、文明的和自豪的文化现象，融合古今中外一切文化精华，构建具有中国特色的现代民族文化，向世界和未来展示中华民族的文化力量、文化价值、文化形态与文化风采。

为此，在有关专家指导下，我们收集整理了大量古今资料和最新研究成果，特别编撰了本套大型书系。主要包括独具特色的语言文字、浩如烟海的文化典籍、名扬世界的科技工艺、异彩纷呈的文学艺术、充满智慧的中国哲学、完备而深刻的伦理道德、古风古韵的建筑遗存、深具内涵的自然名胜、悠久传承的历史文明，还有各具特色又相互交融的地域文化和民族文化等，充分显示了中华民族的厚重文化底蕴和强大民族凝聚力，具有极强的系统性、广博性和规模性。

本套书系的特点是全景展现，纵横捭阖，内容采取讲故事的方式进行叙述，语言通俗，明白晓畅，图文并茂，形象直观，古风古韵，格调高雅，具有很强的可读性、欣赏性、知识性和延伸性，能够让广大读者全面接触和感受中国文化的丰富内涵，增强中华儿女民族自尊心和文化自豪感，并能很好继承和弘扬中国文化，创造未来中国特色的先进民族文化。

2014年4月18日

百变源流——端午起源

一脉相承——习俗流布

精彩演绎——龙舟文化

端午起源

农历五月初五端午节，是我国最古老隆重的传统节日之一。每到这个节日，举国同庆，民俗盛行，蕴含了深厚的民俗文化。

端午节还称为五月节、夏节、浴兰节、女儿节、天中节、诗人节等，是我国几千年来的传统习惯。由于地域广大，民族众多，起源传说很多，充满神秘色彩。

屈原的爱国精神和感人诗篇，已广泛深入人心，故人们"惜而哀之，世论其辞，以相传焉"，因此，纪念爱国诗人屈原之说，影响最广最深，占主流地位。

源于百越族的图腾祭祀

相传早在四五千年前，水乡泽国有一个以龙为图腾的民族，他们每年在农历五月初五举行龙图腾祭祀。在祭祀仪式中，有个半宗教半民俗的神人共娱节目，就是举行龙舟竞渡。他们还往水里投粽子，这是献给图腾神的祭品。

石刻龙图腾

在祭祀过程中，乡民们断发文身，以显示自己是龙子的身份。原来这里也有在五月初五用"五彩丝系臂"的民间风俗，这也成了"像龙子"文身习俗的遗迹。

后来，人们在长江中下游的广大地区，发现了一些新石器时代的一种几何印纹陶为特征的文化遗存。这些遗存的族属，是一个崇拜龙图腾的部族，史称百越族。

百越族的生产工具，大量的是石器，也有铲、凿等小件的青铜器。在作为生活用品的坛坛罐罐中，烧煮食物的印纹陶鼎，是他们所特有的族群标志之一。那么，百越族为什么在五月初五进行龙图腾的祭祀呢？

在古时候，夏历每月初五皆可称端五。北宋李昉、李穆、徐铉等学者奉敕编纂的著名百科全书类丛书《太平御览》的《风土记》中记述：

■ "龙啸九天"雕塑

仲夏端五，端，初也。

也就是说，"端"的意思和"初"相同，初五就称"端五"。端五的"五"与"午"相通，亦称"端午"。按地支顺序推算，五月正是"午"月，又因午时为"阳辰""端五"也叫"端阳"。五月初五，月、日都是"五"，故称"重五"，也称"重午"。

作为民间的节日，五月初五这个"重五"的数字有着特殊的意义。古代许多先人认为，在以"十"为足数的系统中，"五"是半数。在天干地支中，"午""戊"也都居中。金木水火土五行，成为人们最基本的自然概念。

在春秋时期，纵横家鼻祖鬼谷子著述的我国最早的军事理论策略《鬼谷子·阴符篇》有"盛德法五龙"的说法。南朝梁时著名的医药家、炼丹家、文学

天干地支 在我国古代的历法中，甲、乙、丙、丁、戊、己、庚、辛、壬、癸被称为"十天干"，子、丑、寅、卯、辰、巳、午、未、申、酉、戌、亥叫做"十二地支"。十干和十二支依次相配，组成60个基本单位，两者按固定的顺序互相配合，组成了干支纪法，在古代主要用于纪日，来纪月、纪年、纪时等。

■ 青龙雕塑

粽情端午

端午节与赛龙舟习俗

《山海经》是先秦时的重要古籍，是一部富于神话传说的最古老的奇书，传世版本共计18卷，包括《山经》5卷，《海经》13卷。其内容包罗万象，主要记述古代神话、地理、动物、植物、矿产、巫术、宗教等，也包括古史、医药、民俗、民族等方面的内容，其中的矿物记录，是世界最早的有关文献。

家，人称"山中宰相"的陶弘景注曰：

五龙，五行之龙。

古老神话传说的五龙中，四条子龙各治东南西北一方，即金木水火四行，父龙居中央而为共主，"五"也就被赋予了帝王的神圣尊荣涵义。这样，初五就成了敬畏龙的日子，而"重五"日就是祭龙的盛大节日，也称为龙节。百越人创立祭祖的龙节，后来人们就称为"端午节。"

在久远的历史发展中，大部分百越人融合到汉族中，其余部分演变为了南方少数民族，端午节就成了全中华民族的节日了。

那么，龙图腾到底是怎么回事呢？它的文化内涵是什么呢？在神话传说中，龙是一种神异的动物。它的长相相当奇特，很像各种动物的集合。

它的身体像蛇一样有鳞片且修长，但它的角像鹿一样，耳朵像牛，嘴上有两条像虾一样的须，也有又大又凸的圆眼睛，还拥有长得像老鹰的爪子，老虎一般的脚掌，背上有鱼鳍，嘴里含有一颗珠子。

因此，龙在人们心中非常厉害，它能在天空中飞行，能在地上爬走，也可以悠游海中，它住在深海里，难得一见。

先秦重要古籍，富于神话传说的最古老的地理书《山海经》记载：

夏后启、蓐收、句芒等都"乘雨龙"。另有书记"颛顼乘龙至四海""帝喾春夏乘龙"。前人分龙为四种：有鳞者称蛟龙，有翼者称应龙，有角者称虬龙，无角者称螭龙。

有人认为，龙是远古炎黄统一中原各部落后，糅合各氏族的图腾而形成的统一形象。传说龙能隐能显，春风时登天，秋风时潜渊，又能兴云致雨。后来，龙成了皇权的象征，历代帝王都自命为龙，使用器物也以龙为装饰。龙被中华民族先民作为祖神敬奉，普遍尊尚"龙"，我国汉族人民也经常将自己称作是"龙的传人"。

中华民族普遍认为，龙代表着吉祥和神圣尊贵。在我国历史上的各个朝代，帝王们都称自己为"真龙天子"，这样就使龙也具有了权

端午龙舟雕塑

■ 龙形浮雕

项羽（前232—前202），名籍，字羽，秦下相人，故都彭城，他是我国军事思想"勇战派"代表人物，秦亡后称西楚霸王，后与刘邦争夺天下，楚汉战争兵败乌江边自刎。古人对其有"羽之神勇，千古无二"的评价。

力的象征。

古代的帝王们和龙是脱离不了关系的，普遍认为皇帝是真龙转世，说他们的长相叫"龙颜"，身体是"龙体"，衣服叫"龙袍"等。凡是皇帝用的东西，都要冠上一个"龙"字。其实，皇帝之所以会跟龙扯上关系，还要从远古说起。

传说尧是赤龙族的后代，他的母亲在怀孕时，常有赤龙伏在身上，由此人们推断，赤龙族是龙的子孙，与龙有血缘关系。大禹的父亲死后三年变成黄龙，背着大禹治水患，都与龙有关系。

到了汉代，汉高祖刘邦虽然打败了西楚霸王项羽，但因为他的家庭背景不太好，于是他编了一个故事，说是他的母亲是因蛟龙缠身才生下了他，所以他是由龙转世的真命天子。以后的皇帝也照葫芦画瓢地学刘邦这一招，所以龙的地位又上升了不少。

不过龙只有皇帝能用，那对百姓就太不公平了，所以五爪的龙给皇帝用，四爪的龙给大臣或贵族用，三爪的百姓就能用了。

在我国传统的十二生肖中，龙排列第五。龙与凤凰、麒麟、龟一起并称"四瑞兽"。青龙与白虎、朱雀、玄武是我国天文的四象。

佛教中的龙是天人中8个部落中的一支，即天龙八部，八部中第二是龙部。佛教中的天龙，是佛教护法神，龙部众生都是以护卫佛法金刚为己任，保证佛法在三界中不被祸乱。有人真正修行佛教时，也有龙部众生被派遣来保护修佛人的说法，这就是护法。

天龙，就是指天上的龙，或升天的龙。龙能够腾翔于云天，是由其取材对象和他的神性决定的。龙的神性可以用喜水、好飞、通天、善变、显灵、征瑞、兆祸、示威来概括。其中的"好飞"和"通天"，是"天龙"形成的决定性因素。

龙的集合对象中的雷电、云雾、虹霓等，本来就是飞腾在空中的"天象"。而鱼、鳄、蛇等在水中潜游之快，马、牛、鹿等在陆地上奔跑之速，都类似于"飞"。

远古的人们由于思维的模糊性，往往将潜游于水中的鱼、鳄、蛇，或奔跑于陆地上的马、牛、鹿，还

麒麟 我国古籍中记载的一种动物，外形像鹿，头上独角，全身有鳞甲，尾像牛尾。麟凤龟龙共称为"四灵"。麒麟性仁慈，四灵兽中地位最高，是神的坐骑。古人把麒麟当做仁兽、瑞兽。雄性称麒，雌性称麟，常用来比喻杰出的人。成为民间祥瑞的独特代表。

■ 龙形石雕

■ 玉雕龙

三纲五常 是我国儒家伦理文化中的架构。"三纲"即"君臣义""父子亲""夫妇顺"。"五常"是指"仁、义、礼、智、信"。是用以调整、规范君臣、父子、兄弟、夫妇、朋友等人伦关系的行为准则。

有飞升腾跃在空中的雷电、云雾、虹霓，看成一个神物的不同表现，从而认为龙能在水中游、地上跑，也就能在天上飞。

"好飞"就可以"通天"。龙"飞"的方向和域界，自然是神秘、辽阔、至高无上的天。从远古以来，人们总是让神龙常常出现在浩渺无垠的云气中。

浙江余姚河姆渡发现的黑陶双耳盆上，有将"鱼藻纹"和"鸟纹"刻画在一起的图案，陕西宝鸡北首岭发现的"鸟鱼纹"，也将天上飞的鸟同水中游的鱼龙的集合对象联系起来。这就透示出，早在新石器时代早期，龙的模糊集合之初，龙就开始有了"通天"的意味。

我们的祖先们，生活在异常艰辛的环境里，自然界灾害频发，氏族间你争我斗，自身面临生老病死诸多苦痛。进入阶级社会后，又增加了来自专制皇权的压力，这种压力又同道德伦理相结合，以"三纲五常"等形式灌进人们的血脉中，不容分说、无可拒绝地捆绑住人们的手脚。

人们有追求自由的天性，可是天性自由却无时不在羁绊之中，于是，人们期冀着、希求着、幻想着挣开绳索，超脱尘世，过一种能使天性充分展开的无拘无束的生活。龙为满足人们这样的心理提供了可能。

远古时期的百越族崇拜龙，认为他们是图腾龙的后代，就将龙尊奉为本氏族的标志、象征和保护神。图腾作为人类最古老的文化一直都在流传着。

有关龙图腾起源的传说也特别多，比较流行的说法是，以蛇为原型的综合图腾。

在《伏羲考》和《端午考》等有关神话学研究的重要论著中认为：

伏羲 是三皇之首，百王之先。他和女娲同是中华民族的人文始祖，受到了中华儿女的称赞和共同敬仰。他根据天地万物的变化，发明创造了八卦，这是我国最早的计数文字，是我国古文字的发端，从此结束了"结绳记事"的历史。伏羲后来被中国神话描绘为"人首龙身"，被奉为中华文明的人文始祖。

龙是一种图腾，并且是只存在于图腾　■龙形雕刻

祭祀 是华夏礼典的一部分，更是儒教礼仪中最重要的部分，礼有五经，莫重于祭，是以事神致福。祭祀对象分为三类：天神、地祇、人鬼。天神称祀，地祇称祭，宗庙称享。祭祀的法则详细记载于儒教圣经《周礼》《礼记》中，并有《礼记正义》《大学衍义补》等书进行解释。

中，而不存在于生物界中的一种虚拟的生物，因为它是由许多不同的图腾糅合成的一种综合体。

龙图腾，不拘它局部的像马也好，或像鱼、像鸟、像鹿都好，它的主干部分和基本形态却是蛇。这表明在当初众图腾单体林立的时代，内中以蛇图腾最为强大，众图腾的合并与融化，便是蛇图腾兼并与同化了许多弱小单体的结果。

在古老的神话传说中，龙图腾还有很多说法，有的认为龙源于马，有的认为龙源于恐龙，还有的认为龙源于蜥蜴、鳄鱼等。但是，这些都不可信。

那么，龙图腾到底是由何而生的呢?还得从最早的祭祀说起。

根据相关记载，祭祀的最初形成是，原始社会的人们认为，人的灵魂可以离开躯体而存在，便把这种灵魂观念的派生物，用竹木或泥土塑造成神灵偶像，或画出日月星辰、野兽等神灵形象，作为崇拜对象的附体。然后在偶像面前陈列献给神灵的食物和其他礼物，并由主持者祈祷，祭祀者对着神灵唱歌、跳舞。

我国的祭祀文化起源较早，大约至少已经有8000多年了，甚至更加久远。由于我国独特的地理环境和黄色人种特有的思维模

■ 建筑上的龙雕

式，我国在祭祀文化的起源和形式上，与其他民族存在着一定程度上的差异性。就好比龙图腾的另类一样，不可避免地会留下民族的特征和烙印。

人们都知道，我们中华文明起源于黄河中下游。原始人面对着肆虐的黄河，产生了无比的敬畏！认为黄河是由神来主宰，于是祭河神开始渐渐兴起，成为我国重要的祭祀活动之一。

传说人们祭河神都要献上很多祭品，一开始是用牲畜作为祭品，诸如蛇、鹿、牛、马、虎、熊等。祭祀的过程中，人们惊异地发现，如果把这些作为祭品的动物组合起来，正好是一条完整的中国龙形象！

■ 龙形雕刻

就这样，形成了龙的最初形象，也可以说，龙的形象起源于祭祀，祭祀文化的兴起略早于龙图腾的崇拜。在人类漫长的历史发展中，中国龙的形象不断演化，这是由于祭祀文化多元发展造成的。

祭祀初始是祭河神，后来又逐步发展到祭天、祭海等。人们用来做祭品的动物种类越来越多，被不断地添加到龙的形象中去，龙也不断被神话为上天入海无所不能的吉祥物，逐渐形成了对龙图腾的崇拜。

龙的形象虽然有很多种变化，但是蛇身却作为龙

祭品 即祭祀时用的物品。根据不同种族和不同地域，祭品的形式十分丰富，有动物如猪、牛、羊、鸡，也有植物，还可以是衣物等物品。在远古时代和愚昧时代，甚至有拿活生生的人作为祭品；暴政时期也曾出现过用活人陪葬与祭祀的情况，十分残忍。

的主体形象一直存在，也是中国龙形象构成的基础。

龙的传说历史悠久，商代甲骨文中已有结构完备的"龙"字，龙的图案和传说更可追溯到遥远的史前文化。人们推测，以蛇为图腾的部落不断战胜、融合其他部落，逐渐形成了华夏大民族。

在我国传统的习俗中，龙是吉祥的象征。在辽阔的神州大地上，以龙为名的山川城池不计其数，以龙为号的亭台楼阁举不胜举，与龙有关的民俗比比皆是。

古老的中华民族先人，尊奉龙是神灵、权威的象征。龙的崇拜由来已久，已成为中华民族先民心中神圣的图腾。人们普遍认为，在远古时代，人们崇拜龙，每年的五月初五都要祭祀龙图腾，久而久之就形成了民俗风情，这便是端午节的起源。

阅读链接

在远古图腾时代最早的传说，尧生在伊祁山，尧母庆都出生时，常有黄云覆在她的身上，成年常有龙跟着她。既而阴风四合，怀有身孕，14个月生尧于丹陵。

端午节祭祀龙图腾，希望每个人都能成为一条中华龙。"龙能大能小，能升能隐；大则兴云吐雾，小则隐介藏形；升则飞腾于宇宙之间，隐则潜伏于波涛之内。

龙乘时变化，犹人得志而纵横四海。龙之为物，可比世之英雄。夫英雄者，胸怀大志，腹有良谋，有包藏宇宙之机，吞吐天地之志者也。"

以龙为图腾，称为中华民族是"龙的子民，炎黄子孙，龙的传人"，其鲜活的文化内涵无与伦比。对中华民族的复兴发展意义深远重大。

爱国诗人屈原悲愤投江

在春秋时期，楚国有一个大臣叫屈原。他于公元前340年出生在秭归，他自幼勤奋好学，胸怀大志。

早年受楚怀王信任，任左徒、三闾大夫，常与怀王商议国事，参与法律的制定，主张章明法度，举贤任能，改革政治，联齐抗秦，提倡"美政"。

在屈原的努力下，楚国的国力有所增强。但是，他的性格十分耿直，在修订法规的时候不愿听从上官大夫的话，再加上楚怀王的令尹也阻止怀王接受屈原的意见，怀王便开始对屈原产生了罅隙，疏远了屈原。

屈原虽遭谗被疏，但他始终以国家的兴亡、人民的疾苦为念，希望

屈原塑像

■ 屈原塑像

黄棘之盟 公元前
310年，秦惠文王
去世，太子荡继
位，有人建议武
王杀张仪。张仪
闻讯，邀他的老
乡魏章一道逃回
魏国。公元前305
年，秦楚两国互
为婚姻，秦迎妇
于楚，楚迎妇于
秦，结为昆弟之
国。次年，怀王与
昭襄王在楚国黄
棘会晤，并签订
了"黄棘之盟"。

楚王幡然悔悟，奋发图强，做个中兴之主。他明知忠贞耿直会招致祸患，但却始终"忍而不能舍也"。

他明知自己面临着许许多多危险，他完全可以去别国寻求出路，但他却始终不肯离开楚国半步。表现了他对国家的无限忠诚，和他"可与日月争光"的高尚人格与意志。

公元前305年，屈原反对楚怀王与秦国订立黄棘之盟，但是楚国还是彻底投入了秦国的怀抱。屈原也被楚怀王逐出了郢都，开始了被流放的生涯。

屈原被流放到了沅江和湘江流域。在流放中，他写下了忧国忧民的《离骚》《天问》《九歌》等不朽的诗篇。他在诗中抒发了炽热的爱国思想感情，表达了他对楚国的热爱，体现了他对理想的不懈追求和为此九死不悔的精神。

他创造的"楚辞"文体在我国文学史上独树一帜，与《诗经》并称"风骚"二体，对后世诗歌创作产生了积极影响。

《离骚》是屈原以自己的理想、遭遇、痛苦、热情以至整个生命所熔铸而成的宏伟诗篇，其中闪耀着鲜明的个性光辉，是屈原全部创作的重点。

《天问》是屈原根据神话、传说材料创作的诗篇，着重表现作者的学术造诣及其历史观和自然观。

《九歌》是楚国祀神乐曲，经屈原加工、润色而成，在人物感情的抒发和环境气氛的描述上，充满浓厚的生活气息。然而是代人或代神表述，并非作者自我抒情，它更多地显示了南楚文学传统的痕迹。

《离骚》一组，《九歌》一组，构成了屈原作品的基本风格。这些作品是他坚持"美政"理想，与腐朽的楚国贵族集团进行斗争的实录。

他的"美政"理想表现在作品中，就是"举贤而授能兮，循绳墨而不颇"。

所谓"举贤授能"，就是不分贵贱，把真正有才能的人选拔上来治理国家，反对世卿世禄，限制旧贵族对权位的垄断。他还以奴隶傅说、屠夫吕望、商贩宁戚的历史事迹为例，说明了不拘身份选拔人才的合理性。

所谓"循绳墨而不颇"，就是修明法度，即法不阿贵，限制旧贵族的种种特权。

楚辞 又称"楚词"，是战国时代的伟大诗人屈原创造的一种诗体。作品运用楚地的文学样式、方言声韵，叙写楚地的山川人物、历史风情，具有浓厚的地方特色。汉代时，刘向把"承袭屈赋"的作品编辑成集，名为《楚辞》，成为我国汉族文学史上的第一部浪漫主义诗歌总集。

百变源流

端午起源

■ 屈原《天问》雕像

■ 屈原传世名作《离骚》石刻

《天问》 屈原的代表作，收录于西汉刘向编辑的《楚辞》中，全诗373句，1560字，多为四言，起伏跌宕，错落有致。该作品全文自始至终，完全以问句构成，一口气对天、对地、对自然、对社会、对历史、对人生提出173个问题，被誉为是"千古万古至奇之作"。

屈原的作品充满了积极的浪漫主义精神。其主要表现是他将对理想的热烈追求，融入了艺术的想象和神奇的意境之中。

如《离骚》写他向重华陈辞之后御风而行，他先叩天宫，帝阍闭门不纳。他又下求佚女，佚女恰巧不在那里。他去向宓妃求爱，宓妃却对他无礼。他欲求简狄和二姚，又苦于没有好的媒人去通消息。

这种上天入地的幻想与追求，反映了屈原在现实中对理想的苦苦探求。

此外，《九歌》和《天问》等还采用了大量神话和历史传说为素材，其想象之大胆、丰富，十分罕有。除此之外，屈原作品还以一系列比兴手法来表情达意。

他以鲜花、香草来比喻品行高洁的君子。以臭物、萧艾比喻奸佞或变节的小人。以佩带香草来象征诗人的品德修养。

这种"香草美人"的比兴手法，使现实中的忠奸、美丑、善恶形成了鲜明对照，产生了言简意赅、言有尽而意无穷的艺术效果。

在屈原多年流亡的同时，楚国的形势愈益危急。公元前278年，秦军攻破楚国京都，预示着楚国前途的危机。第二年，秦军又进一步深入。

屈原眼看自己一度兴旺的国家已经无望，眼看自己的国家被侵略，他心如刀割，但是，他始终不忍舍弃自己的国家。

他也曾经考虑过要出走他国，但他最终还是爱恋故土，在悲愤交加之中，他于农历五月初五，在写下绝笔作《怀沙》之后，抱石投汨罗江而死，殉了自己的理想。

屈原以自己的生命，谱写了一曲壮丽的爱国乐章。他是我国文学史上第一位伟大的爱国诗人，也是浪漫主义诗人的杰出代表。

作为一位杰出的政治家和爱国志士，屈原爱祖国、爱人民、坚持真理、宁死不屈的精神和他的人格，千百年来感召和哺育着我们无数中华儿女，尤其是当国家民族处于危难之际，这种精神的感召作用就更加明显。

作为一个伟大诗人，屈原的出现，不仅标志着我国诗歌进入了一个由集体歌唱到个人独创的新时代，而且他所开创的新诗体楚辞，突破了《诗经》的表现形式，极大地丰富了诗歌的表现力，为我国古代诗歌创作开辟了一片新天地。

汨罗江　洞庭湖滨湖区主要河流之一，因上古时羋姓罗国位于此处而得名。战国末年，楚国诗人屈原因反对楚怀王和楚顷襄王的对外政策，被流放至汨罗江畔的玉笥山，在这里他写出了传世巨作《离骚》《天问》等。

百变源流

端午起源

■ 汨罗江骚坛

清代汪汉人物画
《九歌图卷》局部

蛟龙　蛟和龙是
不同的生物，蛟
龙是蛟和龙交而
成。虽然都有强
大的力量，却一
正一邪，有本质
不同。龙则是我
国传说中的一种
善变化、能兴云
雨、利万物的神
异动物，为众鳞
虫之长，四灵之
首。龙在神话中
是海底世界的主
宰，在民间是祥
瑞象征，在古时
则是帝王统治的
化身。

后人因此将《楚辞》与《诗经》并称为"风、骚"。"风、骚"是我国诗歌史上现实主义和浪漫主义两大优良传统的源头。同时，以屈原为代表的楚辞还影响到后来汉赋的形成。

传说屈原投江后，楚国百姓哀痛异常，人们纷纷涌到汨罗江边去凭吊屈原。渔夫们划起船只，在江上来回地寻找打捞他的真身。

有位渔夫拿出为屈原准备的饭团和鸡蛋等食物，"扑通、扑通"地全部都投进江里，说是让鱼龙虾蟹吃饱了，就不会去咬屈大夫的身体了。人们见后，便纷纷仿效。

有一位老医生则拿来了一坛雄黄酒倒进江里，说是要药晕蛟龙水兽，以免伤害屈大夫。后来，人们怕饭团为蛟龙所食，便想出用楝树叶包饭，外缠彩丝，后逐渐发展成粽子。

此后，在每年的农历五月初五，就有了龙舟竞渡、吃粽子、喝雄黄酒的风俗，以此来纪念爱国诗人屈原。

正是由于纪念屈原的缘故，端午节也因此被称为诗人节。后来唐末江南僧人文秀写过一首《端阳》诗：

节分端午自谁言，万古传闻为屈原。

堪笑楚江空渺渺，不能洗得直臣冤。

此诗表达了人民对屈原的同情与崇敬，抒发了作者对昏君和奸臣的痛恨。

阅读链接

传说有天晚上，一位老人在梦里梦到屈原，就问他："我们给您投去那么多食物，您吃到没有？"

屈原说："你们送给我的饭，都让那些鱼虾鳖蟹吃了。"

老人问"怎样才不会被他们吃掉呢？"

屈原说："你们用竹叶把饭包起来，做成菱角形的尖角粽子，它们以为是菱角就不敢抢着吃了。"

可是到了第二年的端午节，尖角的粽子还是被鱼虾鳖蟹给吃掉了。于是屈原再一次给老人托梦，说："送粽子的船要打扮成龙的样子，因为鱼虾鳖蟹属龙管辖，它们不敢吃龙王的东西。"

从那以后，年年端午节那天，人们划着龙船到汨罗江送粽子。这也是端午节吃粽子划龙舟的一种来历。

纪念千古孝女曹娥娘娘

曹娥塑像

孝女曹娥

到了东汉时期，端午节的起源又加入了纪念孝女曹娥的说法。

传说在很久以前，浙江上虞古舜江西岸的凤凰山下，有个叫曹家堡的小渔村。村里有个姓曹的渔夫，名为曹盱。他天天都在舜江上捕鱼。他还是一位巫者，善于"抚节安歌，婆娑乐神"。

这位渔夫有个女儿叫曹娥，生得美如天仙，聪明伶俐，是个远近闻名的孝女。

有一年的春夏之交，连绵大雨，舜江洪水暴涨。江上浊浪滚滚，卷起一个个巨大的漩涡，洪水

■曹娥庙建筑

淹没了滩涂。渔人盼大水又怕大水，涨了大水鱼虾多，但洪水汹涌危险大。

按照当地的习俗，每年这个时候，都要在舜江上举行迎祭神仪式。曹盱望着混浊的江水，一定要参加这个重要的仪式。

曹娥望着满天风云，劝爹不要去。

她爹说："我善于安歌乐神，这个仪式每年都参加，只要小心就无事。"

曹娥见爹要去，就央求爹，她要同去，好歹也有个照应。她爹说，女儿不识水性，去了会给他添麻烦的，就不要去了。

曹盱去不多时，站在举行仪式的船头，忽然一个巨浪将船掀翻，很多人被翻进滔滔江水中。曹盱还没反应过来，就被卷进漩涡不见了。

曹娥在家不放心，时时盼、刻刻望，只望爹爹平平安安早回家。直到日中太阳过了西，还不见爹爹回家来。

她一次次跑到江堤上去望，但见江水茫茫，掀起层层恶浪，却不见爹爹。曹娥心里不安，她沿江向上游走三里，转身又朝下游走六

衣裳 古时上曰衣,下曰裳。由于古代纺织工具简陋,布的幅面很狭,所以一件下裳就得用几块狭幅布横拼起来,样子像一幅腰围。这种古老的服制,直到周代还作为礼服的一部分保留着,在祭祀和朝会时穿着。后来,衣裳泛指衣服。

里,还没见到爹。

太阳快落山头了,曹娥急得拼命叫:"爹爹,爹爹啊……"

喊声招来了几个她爹的伙伴,他们个个衣衫湿淋淋的,大家见了曹娥都叹气,告诉曹娥说,他们一起突然被洪涛推进漩涡,你爹让水冲走了。曹娥一听吓出了魂灵,大叫一声"爹爹",拔脚朝下游追去。

年仅14岁的曹娥痛失慈父,于是她昼夜不停地哭喊着沿江寻找。到7天时,曹娥脱下衣裳投入江中,对天祷祝说:"若父尸尚在,让衣服下沉。如已不在,让衣服浮起。"

这句话刚说完,眼看衣服就沉没了。曹娥随即纵身投到江里,寻找父亲去了。

5日后,也就是五月初五这一天,已溺水身亡的曹娥,竟背负着父亲的尸体浮出了水面。众乡亲惊异,哀其孝女,就纷纷出资买棺木,将她尸葬于江

■ 曹娥江风景

■ 曹娥庙

东。孝女曹娥的坟墓，一直矗立在浙江的绍兴。

　　曹娥虽然死了，但她却能找回父亲的尸首，把他负到江堤边。她的孝心感动了天，更感动了四周的乡亲，他们又在曹娥跳水救父的江边，给她塑了雕像，尊她为"孝女娘娘"，后来人们把曹娥寻父出水的地方就叫做曹娥村。

　　到了151年，人们为纪念曹娥的孝行，再将曹娥改葬在江的西岸道路旁，此事迅速传扬开去，轰动了朝野。这时，有个原在皇帝身边当郎中的官，派到上虞当县令，名叫度尚。他为官清正，体察民情，对曹娥投江救父的事迹非常感动，于是就上报朝廷，将其封为孝女。

　　相传曹娥江历史悠久，最早叫舜江，是虞舜避丹朱之乱来上虞，率百官治江害而得名。这是一条名震东南亚的大江。汉桓帝为纪念曹娥的孝行，就将舜江

丹朱之乱 据古史载，尧娶散宜氏之女，生下儿子名丹朱。丹朱却很不争气。少时不务正业，骄傲暴虐，于是尧便把帝位禅让给了舜。这件事，对丹朱的震动很大。这时恰遇南方部族之乱，丹朱不负众望，平息了叛乱，却遭到一些人的嫉恨，散布谣言，说他拥有重兵，有反叛之心。舜躲避之。

■ 曹娥庙石碑

改名为曹娥江。

人们怀念孝女曹娥，为弘扬她的孝道，在浙江省上虞市曹娥江畔建起一座曹娥庙。相传，曹娥江不管怎样水急潮猛，还是江水奔腾咆哮，一到曹娥庙前面，立即变得无声无息，仿佛愧对孝女，悄悄遁去，过了曹娥庙门口，才敢再发出响声，叫人叹为奇迹。

曹娥庙早年又叫灵孝庙、孝女庙，几经迁徙、扩建、修葺，奠定了现有庙宇布局严谨、错落有致、气势恢宏的建筑基调。

曹娥庙坐西朝东，背依凤凰山，面向曹娥江，占地6000平方米，建筑面积达3840米，主要建筑分布在3条轴线上。北轴线为3开间，依次有石牌坊、饮酒亭、碑廊、双桧亭和曹娥墓。

中轴线为5开间，依次有罩墙、御碑亭、山门、戏台、正殿、曹府君祠。南轴线为3开间，依次有：山门、戏台、土谷祠、沈公祠、东岳殿、阎王殿。

曹娥庙的文化积淀厚重，艺术品位极高，以雕刻、壁画、楹联和书法"四绝"饮誉海内外。

每年曹娥庙都要举行盛大的五月庙会，各省各府都有人来参拜曹娥孝女娘娘，各地香客盈门，盛况空前，逐步演变成端午习俗。

上虞县令度尚又让他有奇才的外甥邯郸淳作碑

山门 意为寺院正面的楼门，寺院的一般称呼。过去的寺院多居山林，故名"山门"。通常寺院为了避开市井尘俗而建于山林之间，因此称山号、设山门。山门一般有三个门，所以又称"三门"，象征"三解脱门"，即"空门""无相门""无作门"。

文。当时年仅20岁的邯郸淳写碑文不加点，一挥而就，令众人叹服。邯郸淳写完碑文，立碑在曹娥墓旁。这块石碑，便是著名的曹娥碑。

闻名天下的"曹娥碑"，碑文为行楷体，文笔生动流畅，饱含激情，文人墨客视作瑰宝，在我国书法史上占有重要地位，堪称是曹娥庙的镇庙之宝。

195年，享誉东汉末年的大文学家蔡邕，因为得罪宦官逃到这里。他听说年轻的邯郸淳写碑文竟一挥而成，却又不加标点，便赶来观读。

他在夜间来到曹娥庙，借着月光，手摸碑文，赞为奇文，就索笔在碑的背面题写了"黄绢幼妇，外甥齑臼"这哑谜式的古禅歌。

后来曹操领兵路过蔡邕的女儿蔡文姬家，见墙壁上挂着曹娥碑图，旁边写着8个大字，于是曹操问蔡文姬，可这位曾经创作过《胡笳十八拍》的著名才女，也不解这8个字的意思。其时曹操的谋臣杨修，看了一会儿就说已经破译。

好胜的阿瞒要杨修暂且勿言。马行三里，曹操也突然省悟破译，双方核对答案，居然都为"绝妙好辞"4个字。

原来黄绢是有颜色的丝，色旁加丝是绝字。幼妇是少女，女旁的少字即为妙字。外孙是女儿的孩子，女旁子定是好字。齑臼可称为

■ 曹娥庙《孝女曹娥碑》

诔文 文体名，又称诔辞、诔状、诔词，哀祭文的一种，叙述死者生平，相当于如今的悼词或哀悼文章，起源于西周的赐谥制度，最早有记载的诔，是《礼记·檀弓上》，最早的诔辞为《左传·哀公十六年》所载鲁哀公的《孔子诔》。

受辛之器，受旁辛字，则是受辛字，即辞字。

蔡邕的这段题词，就成了我国最早的字谜。从此，曹娥庙中的《曹娥碑》便名扬天下，文人墨客纷纷来这里作文吟诗，临摹碑帖，有的还写诗留念。

在曹娥庙里，尚存着35副楹联和120余方碑刻真迹，楹联又多围绕着曹娥的千古孝道做文章，却文字各异，风采万般，其中有明末会稽奇才徐渭亲手写的楹联。我国著名的大作家罗贯中、曹雪芹也把此碑事写到《三国演义》《红楼梦》的作品中。

汉代立的曹娥碑，大约1086年堕江。王羲之也曾重写过碑文，但也失落了。存留下来的这块是宋碑，由王安石之婿蔡卞书写的，碑文共有445个字，字体为行楷体，文人墨客视为瑰宝，是十分珍贵的历史文化遗产。

曹娥江、曹娥碑与曹娥庙成为闻名华夏的旅游胜地与珍贵的历史文化遗产。据史料记载，自宋代以

■ 曹娥江景色

来，历代皇帝对曹娥孝女给予高度赞扬。

1093年，宋哲宗下令建造了高大辉煌的曹娥正殿。1110年封灵孝夫人。后来又先后被皇帝加封为昭顺夫人、纯懿夫人，还加封曹娥的父亲为和应侯，她的母亲为庆善夫人等。

1357年，在端午曹娥庙会期间，朱元璋下令文武百官和地方官都到曹娥庙祭奠，诚意伯刘基亲自撰写谏文，弘扬孝道。

《孝女曹娥碑》局部

从此以后，曹娥庙的五月庙会，引起官府和民间各方面的高度重视，逛庙会就成为端午节长盛不衰的重要风俗。

阅读链接

有一个十分奇特的现象，曹娥庙正殿中央矗立着四根红木大柱，取硬币往柱身上贴，有的硬币会被吸住，历久不掉，有的用尽全力也贴不住。

相传庙宇重修时，工匠们为寻取这四根主柱颇费周折，最后还是曹娥托梦给工匠才去南洋找到。由于路途遥远，材料抵沪时离上梁的日期已很近，船主怕误工期，非常担心。

不料从上海至上虞，只航行一昼夜便到达庙前江边，船主大惊，认为是曹娥娘娘的神力所为，不但运输费分文不取，还特地赶制了一只船的模型，悬在暖阁之上，以示纪念和敬慕。

民间传说，币被吸住的人是孝子或是孝女，币没有被吸住的人不孝顺，必须经常到曹娥庙祭拜以添孝心。

迎涛而上迎接涛神伍子胥

在同一时期，端午节也有了纪念伍子胥的说法，依据是东汉邯郸淳在《曹娥碑》上说，每年农历五月初五，浙江上虞的人们都要迎涛而上，迎接伍君，而所谓伍君便是伍子胥。

伍子胥画像

因为千年来，屈原的名气太大，中原一带的人们渐渐把端午作为纪念屈原的节日。而对纪念伍子胥之说，除了江浙一带的人们知晓，其他地区的人们则很少有人知道。

伍子胥，名员，楚国人，父兄均为楚王所杀。后来伍子胥投奔吴国，助吴伐楚，入楚都郢城。当时楚平王已死，伍子胥掘墓鞭尸，以报杀父兄之仇。

■ 古代城墙

吴王阖闾死后，其子夫差继位，吴军士气高昂，百战百胜，越国大败，越王勾践请和，夫差许之。伍子胥建议，应彻底消灭越国，但是夫差不听劝诫。吴国太宰受越国的贿赂，向夫差进谗言陷害伍子胥。夫差相信谗言，赐伍子胥宝剑。

伍子胥本为忠良，视死如归。在死前，伍子胥对邻舍人说："我死后，将我的眼睛挖出悬挂在吴京之东门上，以看越国军队入城灭吴"，随后便拔剑自刎而死。

两年后，越国攻打吴国。八月十八那天，潮水汹涌，江面上鼓乐大作。老百姓看到伍子胥身披战袍，立在潮头，身边还站着4员大将，眼看着吴国兵败覆灭。一炷香后，随着潮水消失。

老百姓都说这是天帝怜伍子胥竭尽忠心，却冤死，便封他为钱塘江涛神。当地百姓为了纪念伍子胥，便在端午这一天，挑选精壮的男子，划着龙舟，敲锣打鼓迎接涛神。

夫差 姬姓，春秋时期吴国末代国君，阖闾之子，夫差执政时期，吴国极其好战，连年兴师动众，造成国力空虚。勾践不忘会稽之耻，国力逐渐恢复。后来夫差与晋争霸成功，夺得霸主地位后匆匆赶回。公元前473年，越再次兴兵，终灭吴国，夫差自刎。

■ 伍相祠

箬叶 俗称竹箬、箬皮，即箬竹的叶子。箬叶具有防潮、防风、防腐蚀等特性。用箬叶包的糯米粽子，清香可口，别有风味。

午时 我国古时把一天划分为12个时辰，每个时辰相等于两个小时。十二时辰制，西周时就已使用，以夜半23时至1时为子时，1时至3时为丑时，3时至5时为寅时，依次递推。午时为日中，又名日正，指上午11时至下午1时。

传说，划到第一的龙舟便能接到涛神，那一方百姓这一年便能太平无事。从此，在端午节赛龙舟的习俗便在这一带流传下来。

伍子胥竭尽忠诚却被冤杀，让人扼腕叹息。在民间百姓的一代代相传中，这位忠贞的贤臣自然也就成了仙，成了神。

平湖乍浦山湾渔村有水仙庙，传说伍子胥死后忠魂不散，成了水仙，千年来保佑着这一方的渔民。伍子胥还化身为涛神，海宁的海神庙，便是用以纪念伍子胥的。

除这些传说外，民间还流传有伍子胥做好事，帮助乡邻驱鬼辟邪，杀蛇除妖。并传授偏方，用粽子箬叶灰治腹泻。

关于伍子胥，在嘉兴民间还有许多传说。相传，当年伍子胥在吴越边界天荒荡一带练兵，在纪目墩牧养战马。立夏后，没下过一滴雨，田地干涸，河道枯竭。

在五月初五端午节一早，伍子胥便亲自带了一队人马，到纪目墩一带寻找水源。在一个土墩子边上，他发现有灵芝，于是便告诉众人："既有灵芝草，必有水源头！"

于是众人在灵芝边挖土至一丈深时，隐隐约约有水渗出来了，可是还没来得及高兴呢，那水竟然又无声无息地隐没了。

见此情状，伍子胥怒发冲冠，他拔出白金剑，纵身跳入深井，用白金剑挖起土来。说来还挺怪，不一会儿，那泉水就汩汩地冒出来了，但是一收回白金剑，泉水便转眼间消失。无奈之下，伍子胥留下白金剑，纵身一跃，出了水井，一股清泉随即便冒了出来。

据说，这口井打上来的水，总是特别地清冽甘甜。传说在端午节的正午，打出的井水泡茶酿酒特别地香醇，而且还有治病的奇效。

所以，当地有了这样的谚语，即"午时水洗眸，晚来若乌枭。"也有的说："午时井水饮一口，胜过补药吃三年。"

传说，在端午节正午时分，还能看到伍子胥那把白金剑的影子。而看到白金剑影的人，这一年就一定无灾无难。

阅读链接

传说端午节是纪念伍子胥的说法源自于苏州。

苏州在春秋战国时期叫姑苏，是吴国的国都。伍子胥被夫差赐死后，悬目于城门，尸首被装入牛皮袋，投入了河中，这天正好是五月初五。

吴国忠臣伍子胥含冤而死之后，传说化为涛神，世人哀而祭之，故有端午节。这则传说，在江浙一带流传很广。

民间盛传"子胥死，水仙生"。从此，"祭伍子，迎水仙"就成了吴地端午的重要内容。

后来，伍氏后人都会在端午这天聚集苏州，和百姓争相往河中抛扔粽子，放生泥鳅和河蚌等。

避讳恶日与勾践练水军

人物画《屈原图轴》

在先秦时代，人们普遍认为五月是个毒月，初五是恶日，相传这天邪佞当道，五毒并出。五毒是指蝎子、蛇、马蜂、蜈蚣、蟾蜍，五种毒物是民间盛传的害虫。

据《礼记》记载，端午节源于周代的蓄兰沐浴。《吕氏春秋》中《仲夏记》一章规定，人们在五月要禁欲、斋戒。《夏小正》中记载：

此日蓄药，以蠲除毒气。

《大戴礼》中记载："五月初五蓄兰为沐浴"，以浴驱邪。

认为重五是死亡之日的传说也很多。

《史记·孟尝君列传》记载，历史上有名的孟尝君，在五月初五出生。其父要其母不要生下他，认为此日生的孩子，将不利其父母。

东晋大将王镇恶在五月初五生，其祖父便给他取名为"镇恶"。王镇恶，字景略，是东晋时的名将。是前秦丞相王猛之孙，后随叔父归晋。

王镇恶好读兵书，长于谋略，为东晋录尚书事、中军将军刘裕所赏识。曾任振武将军和龙骧将军，随刘裕袭南征北，立下显赫的战功，为击败后秦作出了重要贡献，进号征虏将军。

■ 孟尝君像

宋徽宗赵佶，也是五月初五生，因此从小就被寄养在宫外。

可见，古代以五月初五为恶日是普遍的现象。从先秦以后，此日均为不吉之日。这样，在此日插菖蒲、艾叶以驱鬼，薰苍术、白芷和喝雄黄酒以避疫，就是顺理成章的事。并且人们为了避"端五"的忌讳，称之为"端午节"。

在浙江，还有端午节来源于纪念勾践操练水军的说法。端午的龙舟竞渡活动，被认为是为了纪念越王勾践操练水师、卧薪尝胆打败吴国的历史。

在民俗文化领域，后人为昭彰勾践这种坚忍不拔

录尚书事 古代官名。初置时称"领尚书事"。汉昭帝初立，三国时期蜀丞相诸葛亮曾录尚书事。魏、晋后，掌大权之大臣每带录尚书事名号。南朝宋孝武帝时曾停设，孝武帝死后复置，录尚书事通常以他官兼领，南齐始有单拜录尚书事者。北朝亦有此官，北齐称录尚书，位尚书令上，隋废。

■ 勾践（？—前465），姓姒，名勾践，又名菼执、鸠浅。春秋末年越国国君，公元前497年至公元前465年在位。曾败于吴王夫差，被迫屈辱求和，给吴王做奴仆。归国后卧薪尝胆、发愤图强，终成强国，并迫使夫差羞愧自杀。

的精神，便效仿越国水师演练时的情景，于五月初五这一天划船竞渡，以示纪念。

越王勾践卧薪尝胆的故事大都耳熟能详。说的是春秋战国时期，公元前496年的时候，吴王阖闾听说允常逝世，就举兵讨伐越国。越王勾践派遣敢死的勇士向吴军挑战，勇士们排成3行，冲入吴军阵地，大呼着自刎身亡。

吴兵看得目瞪口呆，越军趁机袭击了吴军，在檇李大败吴军，射伤吴王阖闾。阖闾在弥留之际告诫儿子夫差说："千万不能忘记越国。"

3年后，勾践听说吴王夫差日夜操练士兵，将报复越国一箭之仇，便打算先发制人，在吴未发兵前去攻打吴国。

大臣范蠡进谏说："不行，我听说兵器是凶器，攻战是背德，争先打是事情中最下等的。阴谋去做背德的事，喜爱使用凶器，亲身参与下等事，定会遭到天帝的反对，这样做绝对不利。"

越王说："我已经做出了决定。"

于是举兵进军吴国。吴王听到消息后，动用全国

阖闾 华夏族，又作阖庐，姬姓，吴氏，名光，又称公子光，吴王诸樊之子。春秋时吴国第二十四任君主，活动于春秋末期，著名政治家，同时也是春秋史上武功最强盛的霸主。公元前496年，阖闾攻越，战于檇李，越军采取偷袭战术，阖闾中箭，伤脚大拇指，伤重不治，死前嘱子夫差勿忘杀父之仇。

精锐部队迎击越军，在夫椒大败越军。越王只聚拢起5000名残兵败将退守会稽。

吴王乘胜追击包围了会稽。勾践对范蠡说："因为没听您的劝告才落到这个地步，那该怎么办呢？"

范蠡回答说："能够完全保住功业的人，必定效法天道的盈而不溢；能够平定倾覆的人，一定懂得人道是崇尚谦卑的；能够节制事理的人，就会遵循地道而因地制宜。现在，您对吴王要谦卑有礼，派人给吴王送去优厚的礼物，如果他不答应，您就亲自前往侍奉他，把自身也抵押给吴国。"

勾践说："好吧！"

于是派大夫文种去向吴国求和，文种跪在地上边向前行边叩头说："君王的亡国臣民勾践，让我大胆的告诉您的办事人员，勾践请您允许他做您的奴仆，允许他的妻子做您的侍妾。"

吴王将要答应文种。伍子胥对吴王说："天帝把越国赏赐给吴国，不要答应他。"

文种回越国后，将情况告诉了勾践。勾践想杀死妻子儿女，焚烧宝器，亲赴疆场决一

百变源流
端午起源

伍子胥（？—前484），名员，字子胥。他是周代春秋末期吴国大夫，谋略家和军事家。吴国非常倚重伍子胥等人之谋，遂成为诸侯一霸。后来，继承王位的吴王夫差听信谗言，派人送一把宝剑给伍子胥，令其自杀。

■ 范蠡 字少伯，春秋时期楚国宛地三户邑人。春秋末著名的政治家、谋士和实业家。后人尊称"商圣"。帮助勾践兴越国，功成名就之后激流勇退，遂游于72峰之间。期间3次经商成巨富，三散家财，自号陶朱公，乃我国儒商之鼻祖。世人誉之："忠以为国；智以保身，商以致富，成名天下。"

■ 范蠡铜像

文种（？—前472），也称作文仲，字会、少禽。他是春秋末期著名的谋略家，越王勾践的谋臣。他和范蠡一起为勾践最终打败吴王夫差立下赫赫功劳。灭吴后，自觉功高，不听从范蠡劝告继续留下为臣，却被勾践不容，受赐剑自刎而死。

死战。文种阻止勾践说："吴国的太宰嚭十分贪婪，我们可以用重财诱惑他，请您允许我暗中去吴通融他。"

这样，勾践便让文种给太宰嚭献上美女珠宝玉器。嚭欣然接受，就把大夫文种引见给吴王。

文种叩头说："希望大王能赦免勾践的罪过，我们越国将把世传的宝器全部送给您。万一不能侥幸得到赦免，勾践将把妻子儿女全部杀死，烧毁宝器，率领他的5000名士兵与您决一死战，您也将付出相当的代价。"

太宰嚭借机劝说吴王："越王已经服服帖帖地当了臣子，如果赦免了他，将对我国有利。"

吴王听了太宰的谏言，赦免了越王，撤军回国。

勾践被困在会稽时，曾叹息说："我将在此了结一生吗？"

文种说："商汤被囚禁在夏台，周文王被围困在羑里，晋国重耳逃到翟，齐国小白逃到莒，他们都终于称王称霸天下。由此观之，我们今日的处境何尝不可能成为福分呢？"

据《史记·越王勾践世家》记载：

危急之际，纳范蠡委曲求全、以退为进

之谋，卑辞厚礼以求和，派文种向吴求和。 初，吴王夫差纳伍子胥之谏，勿许。

勾践"欲杀妻子，燔宝器，触战以死。"

文种谏而献"以美女宝器厚赂吴太宰嚭"之策，向夫差请求称臣纳贡。终于使夫差同意赦越，罢兵而归。

夫差不听相国伍子胥要他坚决灭掉越国的忠告，答应了勾践的请求，但要勾践夫妇到吴国为他服役。

勾践将国内事情托付给文种等大臣，带着夫人和范蠡去吴。大臣们见国君为保国复仇甘受屈辱，都哭着向他保证一定要治理好越国，百姓也都哭着为他送行。

公元前492年，勾践带着自己的妻子和大臣范蠡离别越国，亲去吴国作为人质臣服夫差，成为夫差的奴役，侍奉夫差。

勾践抵达吴国都城，夫差有意羞辱他，将他囚在石室里。要他住

江苏文种墓

■ 勾践知耻图

伯嚭 春秋晚期人，原为晋国公族，姬姓。史载伯嚭的先祖公孙伯纠为晋国郤氏的旁支，后"三郤"权倾朝野。公孙伯纠之子伯宗公忠体国，不满本家势力太大，被三郤诬陷致死，伯宗之子伯州犁逃到楚国，任楚国大夫。后伯嚭逃难仕于吴，得到吴王宠信，屡有升迁，直至宰辅。

在阖闾坟前的一个小石屋里守坟喂马，有时骑马出门还故意要他牵马在国人面前走过。

勾践忍辱负重，自称贱臣，对吴王总是恭恭敬敬，谦和有礼。他吃粗粮、睡马房、服苦役。他穿着佣人穿的短裤，头戴着樵夫的头巾，他的夫人穿着没有花边修饰的裙服，右衣襟盖着左衣襟的短衣，小心伺候夫差，做到百依百顺。他每天养马，担水、除粪、洒扫。

3年不愠怒，无恨色，胜过夫差手下的仆役。夫差生病，勾践前去问候，还观察夫差刚拉的大便，体贴夫差的病情。"问疾尝粪"，博得吴王夫差的欢心。

时间很快就过去了3年，由于勾践尽心服侍，再加上太宰伯嚭经常接受文种派人送的礼品，而在夫差面前为勾践说好话，使夫差认为勾践已真心臣服，决定放勾践夫妇和范蠡回国。

勾践自从回国后，就卧薪尝胆，立志雪耻，于当年五月初五成立水师，开始操练。正所谓"君子报仇，十年未晚"。他以"卧薪尝胆"的方式激励自己，不忘3年奇耻大辱，以图东山再起。

他委托范蠡建城作都，自己每晚睡在柴垛上，深思熟虑，苦心经营，操练军队，治国强兵。

他把苦胆挂到座位上，坐卧即能仰头尝尝苦胆，饮食也尝尝苦胆，每天都卧薪尝胆，警世自己莫忘雪耻。勾践不听音乐，不近女色，念念不忘复仇。

勾践对外讨好吴王，不断送礼，给吴王送去西施、郑旦等美女和大量的木材，以削弱吴国的国力，以致这些木材都堆积在灵岩山下的河道里，因此这个地方至今还叫木渎。

对内休养生息，富国强兵，鼓励增加人口，以增强国力，并和群臣一起谋划攻吴之计。始终抚慰自己的士兵百姓。

他亲身耕作，夫人亲手织布，吃饭从未有荤菜。从不穿有两层华丽的衣服，对贤人彬彬有礼，能委曲求全，招待宾客热情诚恳，能救济穷人，悼慰死者，与百姓共同劳作。

功夫不负有心人，经过几年的苦心经营，越王勾践的军事实力和国力日益强大。

■ 越王勾践雕像

西施 本名施夷光，春秋末期出生于绍兴诸暨苎萝村。天生丽质。我国古代四大美女之首。是美的化身和代名词。西施也与南威并称"威施"，均是美女的代称。吴越争霸中，西施是勾践迷惑夫差的一件重要工具。

百变源流
端午起源

吴王宫殿

　　大夫逢同进谏说："国家刚刚流亡，今天才又殷实富裕，如果我们整顿军备，吴国一定惧怕，它惧怕，灾难必然降临。再说，凶猛的大鸟袭击目标时，一定先隐藏起来。现在，吴国军队压在齐、晋的国境上，对楚、越有深仇大恨，在天下虽名声显赫，实际危害周王室。"

　　"吴国缺乏道德，但是功劳不少，一定骄横狂妄。真为越国着想的话，那越国不如结交齐国，亲近楚国，归附晋国，厚待吴国。吴国志向高远，对待战争一定很轻视，这样我国可以联络三国的势力，让三国攻打吴国，越国便趁机可以攻克吴国了。"

　　勾践说："好。"

　　越国大夫文种说："我观察吴王当政太骄横了，请您允许我试探一下，向他借粮，来揣度一下吴王对越国的态度。"

　　文种向吴王请求借粮。吴王想借予，子胥建议不借，吴王还是借给越国了，越王暗中十分喜悦。

　　伍子胥说："君王不听劝谏，再过三年吴国将成为一片废墟！"

　　太宰嚭听到这话后，就多次与伍子胥争论对付越国的计策，并借机诽谤子胥说："伍员表面忠厚，实际很残忍，他连自己的父兄都不顾惜，怎么能顾惜君王呢？君王上次想攻打齐国，伍员强劲地进谏，后来您作战有功，他反而因此怨恨您。您不防备他，他一定会作乱的。"

太宰嚭还和逢同共同谋划，在君王面前再三再四诽谤伍子胥。君王开始也不听信谗言，于是就派伍子胥出使齐国，听说伍子胥把儿子委托给鲍氏，君王才大怒，说："伍员果真欺骗我！"

伍子胥出使齐回国后，吴王就派人赐给他一把"属镂"剑让他自杀。于是吴王夫差重用太宰嚭执掌国政。

过了3年，勾践召见范蠡说："吴王已杀死了伍子胥，阿谀奉承的人很多，可以攻打吴了吗？"范蠡回答说："不行。"

到第二年春天，吴王到北部的黄池去会合诸侯，吴国的精锐部队全部跟随吴王赴会了，唯独老弱残兵和太子留守吴都。

勾践问范蠡是否可以进攻吴国。范蠡说："可以了"。于是派出熟悉水战的士兵2000人，训练有素的

诸侯 是古代中央政权所分封的各国国君的统称。周代分公、侯、伯、子、男五等，汉朝分王、侯两等。周制，诸侯名义上需服从王室的政令，向王室朝贡、述职、服役，以及出兵勤王等。汉时诸侯国由皇帝派相或长吏治理，王、侯仅食赋税。

041

百变源流

端午起源

进谏 对君主、尊长或朋友进言规劝，同样指下级对上级，臣子对君主，年幼者对长者进行的劝告建议的方式。进谏需要置生死于度外的勇气以及"天下兴亡，匹夫有责"的责任感。

■ 越王勾践戏剧表演剧照

吴王宫

士兵4万人，受过良好教育的地位较高的近卫军6000人，各类管理技术军官1000人，攻打吴国。吴军大败，越军还杀死了吴国的太子。

吴国使者赶快向吴王告急，吴王正在黄池会合诸侯，怕天下人听到这种惨败消息，就坚守秘密。吴王已经在黄池与诸侯订立盟约，就派人带上厚礼请求与越国求和。

越王估计自己也不能灭亡吴国，就与吴国讲和了。过了4年以后，越国又攻打吴国。吴国军民疲惫不堪，精锐士兵都在与齐、晋之战中死亡。越国大军所向披靡，吴国军队不堪一击，这时候，越王勾践终于打败了吴王夫差，气壮山河，一洗前耻。

正如后人的楹联写道：

有志者事竟成，破釜沉舟，百二秦关终属楚；

苦心人天不负，卧薪尝胆，三千越甲可吞吴。

吴王自杀身亡，自尽时他遮住自己的面孔说："我没脸面见到伍子胥啊！”

越王安葬了吴王，杀死了太宰伯嚭。

越王勾践能够“尝粪问疾，卧薪尝胆”20年，忍受常人所不能忍耐的耻辱，承受常人所不能承受的苦难，就创下了人类君王史上的奇迹！他苦心励志，发愤强国，创下了以小打大，以弱胜强，以卵击石的人间神话！

勾践卧薪尝胆的典故被称为我国几千年文明史中经典中的经典，勾践的超人意志挑战逆境的精神或许更有重要的人生意义！

勾践的这种忍辱负重、坚忍不拔的奋斗精神是值得学习的。在浙江一带，后人为了纪念他，就在每年的五月初五这天，效仿越国水师演练时的情景，举行龙舟竞渡，这也是端午节来源的一种传说。

端午节的起源还有起源于三代夏至节说，持这一看法的人们提出3个主要理由：

一是在权威性的岁时著作《荆楚岁时记》中，并未提到五月初五要吃粽子的节日风俗，却把吃粽子写在夏至节中。

古越台卧薪尝胆雕塑

西施故里古越台

　　至于竞渡，隋代杜台卿所作的《玉烛宝典》把它划入夏至日的娱乐活动，可见不一定就是为了打捞投江的伟大诗人屈原。

　　二是在端午节风俗中的一些内容，如"踏百草""斗百草""采杂药"等，实际上与屈原无关。

　　三是在《岁时风物华纪丽》中对端午节的第一个解释是："日叶正阳"，时当中即端午节正是夏季之中，故端午节又可称为天中节。由此端午节的最早起源当是夏至。夏、商、周时期的夏至节，被人们认为是最早提到的端午节。

　　阅读链接

　　关于端午节还有另一种传说，相传端午节起源于湖北沔阳县和沙湖一带。据说沔阳县有4位豪杰，自称吉雀子，专门劫富济贫，后被官兵围困四五十天，因粮草断绝，投湖而死。

　　为了纪念他们，每年的端午，人们就顶着4人的木刻头像游走，沔阳一带仍然还会举行"吉雀子"的仪式。

粽子是端午节的主要节日食品之一。粽子，古称"角黍"，传说是为祭投江的屈原而开始流传的。端午节这一天，民间便互相送粽子作为纪念。粽子是我国历史上文化积淀最深厚的传统食品。

端午节除了吃粽子，还有吃"五黄"、煨蛋等传统。我国许多习俗，都包含着长期积累的生活经验。从五月份的气象、物候，可知端午的五黄和五毒是有一定道理的。

过去人们不知道疾病发生的原因，把生病看成是鬼怪作祟。他们就以挂钟馗像、在孩子额上用雄黄写"王"字，给孩子穿虎头鞋等方法来求安宁。而雄黄酒、艾叶、菖蒲等也确有杀菌解毒的作用。

一脉相承

习俗流布

粽子相关食材的历代变迁

屈原雕塑

屈原是战国时期的楚国大臣，他积极主张楚国联合齐国，抗击秦国，他的意见没有被楚王采纳，反而被罢了官，发配到边远的地方。

当楚国快要灭亡时，在农历五月初五的这天，屈原投汨罗江自杀了。屈原投江后，楚国人民为了不让江里的鱼虾鳖蟹吃屈原的尸体，就往江里投好吃的食物。

这样年复一年，人民为了纪念这位爱国诗人，每逢端午节那天，便把食物投到江里祭祀屈原。

到了汉代建武年间，有一个长沙人在晚间梦见了一个人，自称是

■ 端午节蜡像

三闾大夫。三闾大夫就是屈原。

梦中的屈原对他说："你们祭祀的东西，都被江中的蛟龙偷去了，以后可用艾叶包住，用五色丝线捆好，蛟龙最怕这两样东西，这样就不用担心再被蛟龙破坏了！"

人们知道这个梦后，便以"菰叶裹黍"，做成角黍，并世代相传。

真正有文字记载的粽子，见于晋周处的《风土记》。而流传有序，历史最悠久的粽子则是西安的蜂蜜凉粽子，记载于雍州人韦巨源的《食谱》中。其中写到粽子的特点是：

只用糯米，无馅，煮熟后晾凉。吃时用丝线勒成薄片，浇以蜂蜜与黄桂酱。

益智仁 又名益智、益智子。是姜科植物益智的干燥成熟果实。夏秋间果实由绿变红时采收，晒干或低温干燥。功效是温补固摄，暖脾止泻，固涩摄唾，温肾固精缩尿，主治脾肾虚寒，腹痛腹泻；或肾气虚寒小便频数，遗尿，遗精，白浊；或脾胃虚寒所致的慢性泄泻及口中唾液外流而不能控制者。

据记载，当时人们用菰叶将黍米包成牛角状，称角黍。用竹筒装米密封烤熟，称为筒粽。

东汉末年，以草木灰水浸泡黍米，因水中含碱，用菰叶包黍米成四角形，煮熟，称为碱水粽。

到了晋代，粽子被正式定为端午节食品，这时，包粽子的原料除了糯米之外，还添加了中药益智仁，煮熟的粽子称"益智粽"。

在南北朝时期，又出现了杂粽。米中掺杂禽兽肉、板栗、红枣、赤豆等，品种增多。粽子还用作为交往的礼品，相互馈赠。

到了唐代，粽子的用米，已"白莹如玉"，其形状出现了锥形和菱形。日本文献中就有"大唐粽子"的记载。在唐代，粽子已成为寻常百姓的美味食品，

■ 端午香囊

连皇上都爱吃。

■ 绿色粽子

当时，长安人常吃一种"百索粽"，这种粽子因外面缠有许多丝线或草索而得名。此外，还有一种叫"九子粽"。九子粽是粽子的一种，即为9只粽连成一串，有大有小，大的在上，小的在下，形状各异，非常好看。九子粽是用9种颜色的丝线扎成，形成五彩缤纷的视觉感受。

九子粽大多是作为馈赠亲友的礼物，如母亲送给出嫁的女儿，婆婆送给新婚媳妇的礼物等，因为粽子谐音"中子"，民间有吃了粽子能得儿子的风俗。

唐代大诗人温庭筠，对九子粽也留下了赞美的诗句："盘斗九子粽，瓯擎五云浆。"诗句工稳妥帖，简洁明快，似在玄宗之上。

唐代另一位诗人郑谷，在一首咏端午节的诗中吟曰："渚闹渔歌响，风和角粽香。"描写小岛上渔家欢度端阳的热闹场面，诗中一闹一香，有声有色，跃然纸上。读之，使人感觉仿佛身临其境，如闻其味。

到了宋代，端午节已成为传统佳节，文人墨客诗句中写到端午节情景、端午节习俗的就更多了。在宋代众多的端午节诗中，不乏直接提到粽子的诗句。

欧阳修写过一组"十二月词"，寄渔家傲调，其一写"五月"的词写道：

五月榴花妖艳烘，绿杨带雨垂垂重。
五色新丝缠角粽，生绡画扇盘双凤。
正是浴兰时节动，菖蒲酒美清尊共。

叶里黄鹂时一弄等闲惊破纱窗梦。

从元稹的"彩缕碧筠粽",到欧阳修的"五色新丝缠角粽",足可佐证,从唐至宋,我国民间就有用彩色丝线缠捆粽子的习俗,且一直沿传了下来。

宋朝时,已有"蜜饯粽",即果品入粽。诗人苏东坡有"时于粽里见杨梅"的诗句。此时,还出现了用粽子堆成楼台亭阁、木车牛马作的广告,说明宋代吃粽子已成为一种时尚。

元明时期,粽子的包裹料已从菰叶变革为箬叶,后来又出现用芦苇叶包的粽子,附加料已出现豆沙、猪肉、松子仁、枣子、胡桃等,品种更加丰富多彩。到了清代,还出现了"火腿粽子"。

到了后来,粽子更是千品百种,璀璨纷呈。各地的粽子,一般都用箬壳包糯米,但内含花色则根据各地特产和风俗而定,著名的有桂圆粽、肉粽、水晶粽、莲蓉粽、蜜饯粽、板栗粽、辣粽、酸菜粽、火腿粽、咸蛋粽等,品种繁多,味道极美。

阅读链接

清代乾隆皇帝,端午节在宫中吃了九子粽后,龙颜大悦,赞不绝口,欣然赋诗一首:"四时花竟巧,九子粽争新。"

清代诗人吴曼云,也写有一首赞美九子粽的诗篇:"裹就连筒米宿春,九子彩缕扎重重。青菰褪尽云肤白,笑说厨娘藕复松。"

粽子不仅形状很多,品种各异,由于我国各地风味不同,这些粽子均以佐粽的不同味道各异,使得粽子家族异彩纷呈。

粽子不同风味和多种样式

每当农历五月初五的早晨，我国各地的家家户户都会吃粽子用以纪念屈原。一般是前一天把粽子包好，夜间煮熟，早晨食用。

包粽子主要是用河塘边盛产的嫩芦苇叶，也有用竹叶的，统称粽

古人包粽子场景

叶。粽子的传统形式为三角形，一般根据内瓤命名。

包糯米的叫米粽，米中掺小豆的叫小豆粽，掺红枣的叫枣粽。枣粽谐音为"早中"，所以吃枣粽的最多，意在读书的孩子吃了可以早中状元。过去读书人参加科举考试的当天，早晨都要吃枣粽。有些地方的人们在孩子参加一些重要考试的早晨，都要做枣粽给考生吃，为了取个吉利而已。

煮粽子的锅里一定要煮鸡蛋，有条件的还要再煮些鸭蛋、鹅蛋。吃过蘸糖的甜粽之后，要再吃蘸盐的鸡蛋"压顶"。

据说，吃五月端粽锅里的煮鸡蛋，夏天不生疮。把粽子锅里煮的鸭蛋、鹅蛋放在正午时的阳光下晒一会再吃，整个夏天不头痛。

端午节包粽子、吃粽子、互赠粽子，一直是浙江宁波人最有代表性的端午习俗。

宁波人包的粽子与别处不同，宁波箬壳粽用的是老黄箬壳或用青竹壳，不像别处用芦苇叶、菰叶、芭蕉叶等裹扎。宁波粽子是稠黏适口的碱水糯米粽，不同于其他地方的白粽子。宁波粽子包扎成棱角分明的四角枕头形，不同于别处的三角形、五角形、六角形；宁波粽子以糯米粽为主，不同于别处以高粱米、

■ 美食粽子

状元 科举考试以名列第一者为"元"，乡试第一称解元，会试第一称会元。殿试第一称状元。唐制，举人赴京应礼部试者皆需投状，因称居首者为状头，故有状元之称。在"学而优则仕"的年代，封建社会的文人都把考状元作为跻身仕途的唯一途径。

黄黏米、黏玉米等裹的。

宁波粽子品种花样繁多，有碱水粽、赤豆粽、绿豆粽、豇豆粽、红枣粽等素粽，也有火腿等荤馅料。粽子煮熟后，剥去箬壳后的四角糯米粽，因碱水浸泡的缘故，晶莹剔透犹如田黄石，清香扑鼻，蘸上少许白糖，吃起来又糯又黏。

过去，宁波有关端午吃粽子的绕口令是这样唱的：

> 一只粽子四只角，解缚脱壳，抲筷割角，白糖一沰，直哒咽落；两只粽子八只角，解缚脱壳，抲筷割角，白糖一沰，直哒咽落；三只粽子十二只角……

虽说是计数的童谣，却道出了宁波粽子滑溜爽口的特点。

旧时，端午粽子是主妇们自家裹的。宁波城中曾举办过端午粽子赛会。宁波的巧妇们将在家中预先做好的粽子集聚一堂，供宾客们观赏品评。

粽子的样式有鸳鸯枕、凤头、莲船和石榴，争奇斗艳，令人目不暇接。粽子馅有荤有素，味道有甜有咸，五味杂陈。

最终，评定莲船式样

053

一脉相承

习俗流布

■ 粽子

端午粽子

为最佳，该粽长约0.3米，粗如玉臂，内掺白糯米、栗子肉、火腿、鸡丝，外裹箬壳，扎以彩绳，编成"请尝""端阳"字样，有棱有角，悦目动人。入水煮熟，去箬切片，盛于瓷盆，遍尝亲友，味极鲜美。

有人赋诗赞道：

未曾剥壳香盈溢，便经入腹齿犹芳。

吃粽子的风俗，千百年来，在我国盛行不衰，而且流传到朝鲜、日本及东南亚诸国。

由于我国各地的风味不同，粽子主要有甜和咸两种。

甜味粽子有白水粽、赤豆粽、蚕豆粽、枣子粽、玫瑰粽、瓜仁粽、豆沙猪油粽、枣泥猪油粽等。咸味有猪肉粽、火腿粽、香肠粽、虾仁粽、肉丁粽等，但以猪肉粽较多。

此外，还有南国风味的什锦粽、豆蓉粽、冬菇粽等，还有一头甜一头咸，一粽两味的"双拼粽"。

广东粽子个头大，外形别致，除鲜肉粽、豆沙粽外，还有用鸡肉丁、鸭肉丁、叉烧肉、蛋黄、冬菇、绿豆蓉等调配为馅料的什锦粽。

厦门、泉州的烧肉粽、碱水粽很有名。烧肉粽的粽米必选上乘，猪肉则选择五花肉，并先卤得又香又烂，再加上香菇、虾米、莲子及卤肉汤、白糖等。吃时，蘸调蒜泥、芥辣、红辣酱、萝卜酸等多样作料，香甜嫩滑，油润而不腻。

闽南的粽子分碱粽、肉粽和豆粽。豆粽盛行于泉州一带，用九月豆混合少许盐，配上糯米裹成，蒸熟后，豆香扑鼻，也有人蘸白糖来吃。

浙江嘉兴粽子为三角形，有鲜肉、豆沙、八宝等品种。如鲜肉粽，常在瘦肉内夹进一块肥肉。粽子煮熟后，肥肉的油渗入米内，入口肥而不腻。

在浙江的多数地方，尤其是浙西山区居民的祖祖辈辈，从古至今都有用甜茶煮粽子、煮茶饭、煮茶粥的传统习惯。

甜茶粽子，是取真武山优质甜茶叶，经煎熬取汁，用来制作粽子。其粽子色泽金黄油亮，入口润滑细嫩，柔软黏稠，齿颊留香，回

粽子

糯米粽子

味甘甜，去腻消食，营养丰富，又适合糖尿病人食用。

北京粽子是北方粽子的代表品种，其个头较小，为斜四角形。北郊农村，习惯吃大黄米粽，黏韧而清香，多以红枣和豆沙为馅。

桂中地区喜包形态酷似枕头的大枕头粽。桂中地区的大枕头粽，一个用上250克至500克米。而桂林地区喜包500克米可做六七个粽子的小枕头粽。

桂林以北，则喜包形态恰似狗头的狗头粽。在粽子包制过程中的配料方面，又各有特色。如桂林人包粽子喜加点碱粉，以煮熟的粽子产生碱香味。

泉州人包粽子喜欢用稻草灰水浸泡糯米，用这种方法包制出来的粽子既有适中的碱香味，也有诱人食欲的色彩。

上海的粽子种类多。以杏花楼、新雅为代表的广式粽子，松软而味道浓烈。其外形为底平，呈正方形、五角形，一角向上，其余伸向四方。

台湾地区的粽子，样式可谓五花八门，至少有七八种不同的流行做法。

台湾地区粽一直有"北部粽""南部粽"之争，各有爱好者。到底是南部粽好吃还是北部粽

紫色糯米粽

好吃？

北部粽主要是将糯米事先调入酱油炒过焖过再加配料包起来，吃起来粒粒分明；南部粽是将生糯米及生花生用水泡开加入配料，再将整个粽子放入锅中用水煮熟,糯米因此软而绵密；

台湾粽子

口感上，北部粽有嚼感，南部粽有黏性；另外还有台湾客家人常吃的"碱粽"也有一定的支持者。

其他较为著名的粽子还有四川、两湖的辣粽、贵州的酸菜粽、苏北的咸蛋粽。

各式各样美味的粽子，既承载了我国的传统食文化，又承载了浓郁深厚的端午节纪念爱国诗人屈原的历史内涵。

一脉相承

习俗流布

阅读链接

粽子是端午节的节日食品，在端午节的前一天，人们便开始相互赠粽子作为纪念，同时也表达自己对对方的美好感情及祝愿。并且，粽子也是我国历史上文化积淀最为深厚的一种传统食品。

人们在选择购买粽子的时候，一定要注意"返青粽叶"。购买粽子时不要贪图颜色鲜绿好看，用传统风干粽叶包制的粽子虽然颜色陈旧暗淡，但更加自然、安全，放心。

风格迥异的节日饮食习俗

　　在端午节，除了吃粽子，民间还有吃"五黄"的习俗。五黄是指黄瓜、黄鳝、黄鱼、黄酒、咸蛋。

　　中医认为，端午节在农历的五月初五，是一年中阳气最盛的时候，中午又是一天中阳气最盛的时候，可用五黄的力量，健脾健身，

■粽子水果鸡蛋

提升自己的精力。

■ 粽子与艾草

　　黄鳝在端午时节，圆肥丰满、肉质鲜嫩，不但味道特别好，而且具有滋补功能。因此，民间有"端午黄鳝赛人参"之说。

　　在端午节，民间还有吃蛋的习俗。在江西南昌地区，端午节除吃粽子外，还要吃茶蛋和盐水蛋。蛋分鸡蛋、鸭蛋、鹅蛋等。蛋壳涂上红色，用五颜六色的网袋装着，挂在小孩子的脖子上，意谓祝福孩子"逢凶化吉，平安无事"。

　　在河南、浙江等地农村，每逢端午节这天，家里的主妇都起得特别早，将事先准备好的大蒜和鸡蛋放在一起煮，供一家人早餐食用。有的地方，还在煮大蒜和鸡蛋时放几片艾叶，早餐食大蒜、鸡蛋、烙油馍。这种食法据说是辟五毒，有益健康。

　　而在宁波地区，宁波人兴吃"五黄六白"。在宁

五毒 民间认为五月是五毒，即蝎、蛇、蜈蚣、壁虎、蟾蜍的出没之时，民谣说："端午节，天气热，"五毒"醒，不安宁。"端午节驱五毒用意是提醒人们要防害防病。每到端午节，民间要用各种方法以预防五毒之害。

■ 油炸小黄鱼

海、余姚及宁波市区，不少家庭依然保留着吃五黄六白的食俗。

五黄是指黄瓜、黄鱼、黄鳝、黄蛤、黄梅。各地稍异，水乡吃黄鳝，海滨吃黄蛤，山区吃黄梅，有的用咸鸭蛋、黄豆瓣、枇杷等替代，因地制宜，反正是五样黄字头食物即可。

六白，则是指豆腐、茭白、小白菜、白条鱼、白斩鸡、白切肉，或白酒、白蒜头等。民间认为，吃五黄六白能辟邪解毒。

五黄六白是"上市头"菜肴、瓜果，主打菜是黄鱼，宁波民谚有"五月五，买条黄鱼过端午"之说。在宁波人的心目中，千鱼万鱼的滋味都比不上金灿灿的黄鱼，它是鱼中的王子。

端午的 个头肥大，不论清炖、红烧、油炸、做羹，味道都鲜美无比。咸齑大汤黄鱼、苔菜拖黄鱼、糖醋黄鱼，都是宁波人的家常菜。

像苔菜炸黄鱼，用面粉拌成糊，将黄鱼肉条蘸裹面糊，入油锅一炸。翡翠般绿的苔菜，黄澄澄的油炸黄鱼，外酥内软，香味浓郁，味道好极了。

端午是黄鱼旺发的季节。从前，宁波的黄鱼多得吃不完。从黄鱼背部入刀，剖开成扇形，撒上盐晒干

辟邪 广义的辟邪，或者民俗中的辟邪应该指一种行为以及它所引起的一些礼仪形式。我们在艺术史中说的辟邪是狭义的辟邪，是广义的辟邪行为所寄托的一种实物形式，或者说是辟邪行为的一种工具。所以可将广义上的辟邪称为"辟邪行为"，将辟邪行为中所要使用的工具称为"辟邪工具"，而将辟邪艺术品将称为名词"辟邪"。

就成了黄鱼鲞。

宁波老歌谣《十二月鱼名》有"四月黄鱼晒白鲞"之句，黄鱼鲞送给上海亲戚，是美味的下饭菜。

清代王苕蕙《黄花鱼》诗写道：

琐碎金鳞软玉膏，冰缸满载入关舫。

此诗是对宁波沿海大黄鱼丰收景象的描绘。只见海面上，大黄鱼鳞光灿烂，腾挪闪耀，似金箔璀璨。

宁波的黄鳝产于家门口的田塍边，容易捕钓。黄鳝圆肥味美、肉质鲜嫩，佐以韭芽，炒成鳝丝糊辣、爆鳝等，色泽黄亮，清香爽口，为宁波百姓端午宴客时所必备。

黄瓜也是"当令头"蔬果，与虾仁同炒，也可单独冷拌，鲜嫩清脆。饭后细嚼枇杷，不但应节令，而且有助于消化。

从冯梦龙的《山歌》中，可知在明代，浙北一带的端午节有给小孩子吃煨蛋的习俗。

人们把干燥的蚕豆壳、蚊子草、蛤蟆草点燃，使火盆生烟。当火盆烟火旺盛之时，人们便取出事先准备好的青壳鸭蛋，在蛋壳的一端敲出一个小孔，向孔内塞进一只小蜘蛛，将孔封闭后放进盆里煨烧。

鸭蛋煨熟后，将蛋内蜘蛛取出，即可给孩子们吃。据说孩子吃了这种煨蛋后，可以驱毒，盛夏就不会生痱子。

黄瓜虾仁

■ 粽子与酒

谢肇淛（1567—1624），历任湖州、东昌推官，南京刑部主事、兵部郎中、工部屯田司员外郎，曾上疏指责宦官遇旱仍大肆搜括民财，受到神宗嘉奖。入仕后，历各地所有名山大川，所至皆有吟咏，为当时闽派诗人的代表。曾与徐火勃重刻淳熙《三山志》，所著《五杂俎》为明代一部有影响的博物学著作，《太姥山志》亦为其所撰。

在端午节，民间有饮蒲酒、雄黄、朱砂酒的习俗，以酒洒喷。

据《荆楚岁时记》记载："以菖蒲或缕或屑，以泛酒。"菖蒲是多年生草本植物，生在水边，地下有淡红色根茎，叶子形状像剑，肉穗花序。根茎可做香料，也可入药。蒲酒味芳香，有爽口之感，后来又在酒中加入雄黄、朱砂等。

明代谢肇淛的《五杂俎》中记述："饮菖蒲酒也……而又以雄黄入酒饮之。"

雄黄酒是端午节的美酒。作家汪曾祺在《端午节的鸭蛋》中提到过雄黄酒，文中说：

喝雄黄酒。用酒和的雄黄在孩子的额头上画一个"王"字，比作猛虎，以威邪魅。这是很多地方都有的。

旧时几乎家家酿雄黄酒，但多为男人饮，有些会喝酒的女人也饮些，小孩不能喝，大人就用手指蘸酒在小孩面庞耳鼻手心足心涂抹一番。至今，我国不少地方都有喝雄黄酒的习惯。

《清嘉录》记载："研雄黄末，屑蒲根，和酒饮之，谓之雄黄酒。"说的就是端午节时，民间百姓于此日将蒲根切细、晒干，拌上少许雄黄，浸白酒做成雄黄酒，亦有单独用雄黄浸酒的。

传统的饮雄黄酒习俗是一种恶俗。雄黄的主要成分是硫化砷，砷是提炼砒霜的主要原料，喝雄黄酒等于吃砒霜。雄黄还含有较强的致癌物质，即使小剂量服用，也会对肝脏造成伤害。且雄黄具有腐蚀作用。

因此，服用雄黄极易中毒，轻者恶心、呕吐、腹

朱砂 又称辰砂、丹砂、赤丹、汞沙，是硫化汞的天然矿石，大红色，有金刚光泽至金属光泽，属三方晶系。朱砂主要成分为硫化汞，但常夹杂雄黄、磷灰石、沥青质等。朱砂有解毒防腐作用；外用能抑制或杀灭皮肤细菌和寄生虫，有镇静催眠作用。

■ 粽子与酒

泻等症状，甚至出现中枢神经系统麻痹、意识模糊、昏迷等，重者则会致人死亡。

古时的老百姓为了驱邪、解毒，将中医学上针对实证采用雄黄的攻下疗法，误解为雄黄有驱邪作用，还把中医学上的解疮毒误解为雄黄，可以解除或排出体内的毒物。

可见，人们不仅不能自制雄黄酒，就是含有雄黄的药品，也应当在医生指导下使用。

但是，如在雄黄里加入艾叶、熏草等原料制成香包，供妇女和儿童佩戴，可起到杀除病菌、消除汗臭、清爽神志的作用。同时，雄黄、艾叶、熏草都能散发出一种奇异的香味，可使蛇虫嗅之远遁。

在广西宾阳，逢端午时便有一包包的药料出售，包括雄黄、朱末、柏子，桃仁、蒲片、艾叶等。人们浸入酒后，再用菖蒲艾蓬蘸洒墙壁角落、门窗、床下等，再用酒涂小儿耳鼻、肚脐，以驱毒虫，求小儿平安。

关于在端午节饮朱砂酒的习俗，明代冯应京《月令广义》记载："初五用朱砂酒，辟邪解毒，用酒染额胸手足心，无会虺，蛇之患。

又以洒墙壁门窗，以避毒虫。"此俗流传较广。

在广州，端午节有吃龙舟饭的习俗。据说吃过龙舟饭，便会"龙精虎猛、顺风顺水"。所以，每年到端午节，广州一些村落的村民们就会聚集起来，一齐吃龙舟饭。

讲究的龙舟饭里有道主菜称为"龙舟菜"，用料是辣椒、黄豆、豆角、芹菜、大头菜和猪肉丝。由于扒龙舟会被水花溅湿身体，因此龙舟菜可以驱湿气。其他菜式包括寓意"红皮赤壮"的烧肉以及鸡、鹅、粉丝等，共有10个菜。

讲到粉丝，从五月初一开始，每次吃龙舟饭之前，村里的长辈都会把一些粉丝、虾米及一些瓜菜分给小孩，寓意他们长高长大。

此外，龙舟菜还包括粉葛扣猪肉、冬瓜粉丝虾米、酸姜炒鸭肾、茄子蒸家鱼、蚝油炒菜心、冬菇红枣蒸鸡、白菜薏米冬瓜香鸭汤等，都是美味的佳肴。

阅读链接

白娘子和许仙在西湖小船上认识以后，你喜欢我，我喜欢你，过不几天，两个人便结了亲。

端午节那一天，家家户户门前挂起菖蒲艾叶，地上洒遍雄黄药酒。金山下边的长江上，还要赛龙船，路上人山人海，热闹非常，许仙就要求白娘子一道去看赛龙船。

看龙舟赛的人都得喝雄黄酒，白娘子人缘又那么好，大家都给她敬酒，实在推托不下去，只好勉强喝两口。白娘子不胜酒量，有点醉意。许仙只好让他回家。

白娘子到家醉过去了，现了原形。许仙看完龙舟赛，回家到楼上，看见一条蛇尾在白娘子身下，吓得惊叫起来，立时晕死过去。

白娘子被惊醒了，急忙收敛了蛇态。这才有了白娘子讨灵芝草救许仙的故事。

经验衍化而成的基本风俗

　　我国的许多习俗，都包含着长期积累的生活经验。从五月份的气象、物候，可知端午的五黄和五毒是有一定道理的。

　　这些端午习俗都是我国的古代人民在艰苦的生存环境中积累的宝贵生活经验。贴五毒点蚊烟的风俗。在端午这一天，人们有在门上、

传统粽子

窗上贴纸剪的五毒剪纸的习俗。

■ 端午荷包

五毒是指蝎子、蜈蚣、毒蛇、蛤蟆和壁虎。人们把五毒图像贴在墙上，是表示要把它们钉死在墙上，以为这样做了，五毒就不会为害了。

在端午的午时，人们还在室内点起蚊烟。据说，这样就能保证夏夜无蚊蚋骚扰了。蚊蚋，通常指蚊子。食人血的蚊子叫蚋，食植物汁的蚊子叫蚊。

清代文人蔡云在《吴歈》一诗写道：

蒲蓬卵蒜挂床前，芷术香芸地下燃。
还怕夜来眠不稳，碧纱帐外点蚊烟。

佩健人风俗。健人，是旧时江浙一带在端午时，妇女佩戴的一种饰物。一般用金银丝或铜丝金箔做成，形状为小人骑虎，亦有另加钟、铃、缨及蒜、粽子等的。插在妇女发髻，也用以馈送。

一脉相承
习俗流布

剪纸 又叫"刻纸"，是我国汉族最古老的民间艺术之一，它的历史可追溯到6世纪。剪纸是一种镂空艺术，其在视觉上给人以透空的感觉和艺术享受。其载体可以是纸张、金银箔、树皮、树叶、布、皮、革等片状材料。

■ 精美的荷包

健人一说与艾人同一意思，只是以帛易艾。据说有驱邪辟疫的作用。一说即古时的步摇，纯为妇女用的装饰品。

端午节饰戴艾虎的风习，在我国已经有千年以上的历史。艾虎，是旧时端午节驱邪辟祟之物，也作为装饰品。

我国古代视虎为神兽，认为可以镇祟辟邪、保佑安宁。艾虎或以艾编剪而成，或剪彩为虎，粘以艾叶，佩戴于发际身畔。

宋代的尚书祠部郎陈元靓《岁时广记》引《岁时杂记》记载：

> 端午以艾为虎形，至有如黑豆大者，或剪彩为小虎，粘艾叶以戴之。

王沂公《端午帖子》诗写道：

> 钗头艾虎辟群邪，晓驾祥云七宝车。

清代富察敦崇《燕京岁时记》记载：

> 每至端阳，闺阁中之巧者，用绫罗制成小虎及粽子，以彩线穿之，悬于钗头，或系

雄黄 又名雄精、石黄、薰黄、黄金石，主要产于湖南、甘肃、云南、四川等地。作为一种中药药材，中医认为，雄黄性温、微辛、有毒，主要用做解毒、杀虫药。既可以外搽又可以内服。外用治疗恶疮、蛇虫咬伤等，效果较好。雄黄少量饮用，可治惊痫、疮毒。

于小儿之背，古诗写道：'玉燕钗头艾虎轻'，即此意也。

这些记载都表明，古代端午节戴艾虎风俗的兴盛。

画额风俗。画额就是在端午节时，以雄黄涂抹小儿额头的习俗，据说可以驱避毒虫。

典型的方法是用雄黄酒在小儿额头画"王"字，一借雄黄以驱毒，二借猛虎以镇邪，因王似虎的额纹，又虎为兽中之王，因以代虎。

清富察敦崇《燕京岁时记》记载：

每至端阳，自初一日起，取雄黄合酒洒之，用涂小儿颔及鼻耳间，以避毒物。

除在额头和鼻耳涂抹外，也可以涂抹在他处，用意是一样的。

佩长命缕风俗。长命缕，是端午节时厌胜佩饰。亦称续命缕、续命丝、延年缕、长寿线，别称"百索""辟兵绍""五彩缕"等，名称不一，形制和功用大体相同。

荷包

■ 粽子

厌胜 意即"厌而胜之"，是用法术诅咒或祈祷，以达到制胜所厌恶的人、物或魔怪的目的。人们平常生活中时常见到一些厌胜物，像雕刻的桃版、桃人，玉八卦牌、玉兽牌，刀剑，门神等。常见而且多的，是厌胜钱，又叫压胜钱，是铸成钱币模样的吉利品或辟邪品。

此俗在端午节以五色丝结而成索，或悬于门首，或戴小儿项颈，或系小儿手臂，或挂于床帐和摇篮等处，俗谓可避灾除病、保佑安康、益寿延年。

此类节物的形制大体有：以五色丝线合股成绳，系于臂膀。在五彩绳上缀饰金锡饰物，挂于项颈。五彩绳折成方胜，饰于胸前。五彩绳结为人像戴之，以五彩丝线绣绘日月星辰鸟兽等物，敬献尊长。

配饰长命缕的习俗始于汉代，以后相沿成习。唐宋时，有宫廷赐大臣此种节物之事。史载，唐代宗兴元元年端午节，宫廷曾赐百索一轴，节日时戴着入宫上朝听政。

长命缕是用五种颜色的丝线捻成，而这五种颜色必须是青白红黑黄。从阴阳五行学说上讲，这五色分别代表木金火水土。同时，象征东西南北中，蕴含着五方神力。

系长命缕也有讲究，可以系在手腕上，也可以系在脚腕上，但是要男左女右，而且一定要在端午节的前一天系好。系线时，孩子们不能开口说话，所以有很多大人是在五月初四的晚上等孩子熟睡后，悄悄地给孩子系上。

系上的长命缕想要摘下也有讲究。长命缕要在端午节后第一个雨天摘下，压在石头下面。大人们说长命缕会在石头下变成一条"圣虫"爬走，灾病也就随着带走了。也有人说摘下的长命缕要放在雨水中被冲走，这样好运也就随之而来。

戴香包风俗。香包又叫香袋、香囊、荷包等，有用五色丝线缠成的，有用碎布缝成的，内装香料，用中草药白芷、川芎、芩草、排草、山柰、甘松、高本行制成。佩在胸前，香气扑鼻。

■ 佩带的香囊

这些随身携带的袋囊，内容物几经变化，从吸汗的蚌粉、驱邪的灵符、铜钱，辟虫的雄黄粉，发展成装有香料的香囊，制作也日趋精致，成为端午节特有的民间工艺品。

旧时，嘉兴女子从小由母亲教做针线，不会做针线的，叫"拿不动眼线"，生得再漂亮的女孩子也没人敢娶，被称为"聪明面孔笨肚肠"。所以，端午是姑娘们大显身手的好机会。

灵符 类别繁多，用途相当广泛，大致可分为祈福开运符、镇宅符、护身平安符、催财符，和合的情缘符、姻缘符、人缘符等，驱邪的化煞符、解降符、斩鬼符等，治病的安胎符、化骨符、止痛符等。使用方法有烧、贴、藏、带、洗、食等。

一脉相承

习俗流布

■ 钟馗捉鬼年画

吴道子（约680—759），唐代画家。画史尊称其为吴生。又名道玄。曾任兖州瑕丘县尉，不久即辞职。后流落洛阳，从事壁画创作。开元年间以善画被召入宫廷，历任供奉、内教博士、宁王友。擅佛道、神鬼、人物、山水、鸟兽、草木、楼阁等，尤精于佛道、人物，长于壁画创作。

在端午节前，姑娘们就开始用五色丝线而缠，或用碎布缝制一种形似荷包的绣花袋，里面放上白芷、川芎、芩草、排草、山柰、甘松、雄黄等中草药，称为香包，或雄黄荷包，佩在身上，可以驱瘟散毒。袋子外面用丝线绣上花卉、鸟兽等图案，十分漂亮，惹人喜爱。

到端午这一天，姑娘们欢欢喜喜地佩在胸前，香气扑鼻，成为嘉兴城乡端午节的一道亮丽的风景。

戴香包也很讲究。老年人为了防病健身，一般喜欢戴梅花、菊花、桃子、苹果、荷花、娃娃骑鱼、娃娃抱公鸡、双莲并蒂等形状的，象征着鸟语花香，万事如意，夫妻恩爱，家庭和睦。小孩喜欢的是飞禽走兽类的，如虎、豹子，以及猴子上竿、斗鸡赶兔等。

青年人戴香包最讲究，如果是热恋中的情人，那多情的姑娘很早就要精心制作一两个别致的香包，赶在节前送给自己的情郎。小伙子戴着心上人送给的香包，自然要引起周围男女的一番评论，直夸小伙的对象心灵手巧，让人好不欢喜。

钟馗捉鬼，是端午节习俗。在江淮地区，家家都悬钟馗像，用以镇宅驱邪。

据说有一年唐明皇自骊山讲武回宫，疟疾大发，梦见两鬼，一大一小，小鬼穿大红无裆裤，偷杨贵妃之香囊和明皇的玉笛，绕殿而跑。大鬼则穿蓝袍戴帽，捉住小鬼，挖掉其眼睛，一口吞下。

明皇喝问，大鬼奏说："臣姓钟馗，即武举不第，愿为陛下除妖魔。"明皇醒后，疟疾痊愈。

于是，唐明皇令画工吴道子，照梦中所见，画成钟馗捉鬼的画像，通令天下于端午节时，一律张贴，以驱邪魔。

悬艾叶、菖蒲风俗。我国有民谚说：

清明插柳，端午节插艾。

在端午节，人们把插艾和菖蒲作为重要内容之一。家家都洒扫庭除，以菖蒲、艾条插于门楣，悬于堂中。

通常，人们将艾、榕、菖蒲用红纸绑成一束，然后插或悬在门上。因为菖蒲是天中五瑞之首，象征驱除不祥的宝剑。

菖蒲因为生长的季节和外形，被视为感"百阴之气"，叶片呈剑型，插在门口可以避邪。所以，方士们称它为"水剑"，后来的风俗则引申为"蒲剑"，可以斩千邪。

> **菖蒲** 是我国传统文化中可防疫驱邪的灵草，与兰花、水仙、菊花并称为"花草四雅"。菖蒲先百草于寒冬刚尽时觉醒，因而得名。江南人家每逢端午时节，便悬菖蒲、艾叶于门、窗上，饮菖蒲酒，以祛避邪疫只用。

■ 葫芦形平安香包

■ 端午粽子

清代顾铁卿在《清嘉录》中，有一段记载：

截蒲为剑，割蓬作鞭，副以桃梗蒜头，悬于床户，皆以却鬼。

艾，又名家艾和艾蒿。它的茎和叶都含有挥发性芳香油。它所产生的奇特芳香，可驱蚊蝇和虫蚁，净化空气。中医学上以艾入药，有理气血、暖子宫、祛寒湿的功能。将艾叶加工成艾绒，是灸法治病的重要药材。

菖蒲是多年生水生草本植物，它狭长的叶片也含有挥发性芳香油，是提神通窍、健骨消滞、杀虫灭菌的药物。可见，古人插艾和菖蒲是有一定防病作用的。

在清乾隆年间，象山人倪象占在《鄞南杂句》中，描述宁波人过端午的情景：

五月端阳老虎描，艾旗蒲剑辟群妖。

雄黄细蘸高粱酒，苍术还须正午烧。

老宁波人一到端午，就要到附近的田野采艾蒿，到河塘拔菖蒲，扎成艾束菖蒲剑，挂在自家的门楣及窗户上。中午要烧苍术，让中草药的清香气味持续均匀地飘浮在每个角落，俗称"蒲剑斩千妖，艾旗招百福"，目的是祈求合家平安。

有的人家还在艾旗下面挂上一个大蒜头。艾叶、菖蒲、蒜头被称为"端午三友"。蒜头象征武器铜锤，与蒲剑、艾旗相配合，攘毒防

粽情端午

端午节与赛龙舟习俗

病、斩妖驱魔、镇宅辟邪。

有的人家还要在门口贴上打油诗：

五月初五端午节，诸虫百毒门外歇。
若要再想钻进来，请等过了重阳节。

据说，宁波人端午插艾叶挂菖蒲这一风俗，是为了纪念唐代武官黄晟。

相传，在三江口姚江桃花渡江面，潜藏着一条猪婆龙，出没无常，兴风作浪，吞食百姓，百姓们都不敢坐船渡江。

每年端午前，百姓们要用童男童女、家禽猪羊等投入江中，以乞求平安。这事被武官黄晟知道后，他就发誓要除掉这条妖龙。

五代后梁开平三年，猪婆龙又出来作孽，为保护

门楣 正门上方门框上部的横梁，一般都是粗重实木制就。古代按照建制，只有朝廷官吏所居府邸才能在正门之上标示门楣，一般平民百姓是不准有门楣的，哪怕富甲一方，没有官职也不能在宅门上标示门楣。

■ 端午节香包

■ 端午民俗

赵昀 南宋皇室宗
戚，赵匡胤之子赵
德昭的九世孙。
原名赵与莒，1222
年被立为宁宗弟
沂王嗣子，赐名
贵诚，1224年立
为宁宗皇子，赐
名昀。宋宁宗驾
崩后，赵昀被权
臣史弥远拥立为
帝，史称"宋理
宗"。宋理宗是
宋朝的第十四
位皇帝，在位40
年，享年60岁。

黎民，黄晟手持长剑，纵身跃入姚江，在江中与妖龙搏斗，血染江面。妖龙虽除，但是黄将军却因失血过多而英勇牺牲了，死时才50岁。百姓无不失声痛哭。

宋太祖得知此事后，在开宝八年，追封黄晟为"江厦侯"。宋理宗赵昀在淳祐八年又加封他为"灵翼侯"。

明州百姓为了纪念黄晟，就在桃花渡南岸造了一座"钦飞庙"，四季香火不绝。每年的端午节，宁波城家家户户用菖蒲做剑，在菖蒲根雕成黄将军的模样，染上雄黄，挂在门前，祈求得到黄将军神灵的呵护，永保平安。

端午在门上悬挂艾草、菖蒲的习俗，据说还来源于这样一个传说。

相传在唐僖宗年间，黄巢领兵造反。这年五月，黄巢大军兵临邓州城下。黄巢骑马到城外勘察地形，在一个村外的路口，遇见一位年轻妇女，背着一个包袱，一手拉着一个小孩，另一只手却抱着一位年纪较大的男孩，正慌忙逃路。

黄巢以为这个妇女不仁，抽刀欲斩。后经询问，方知原来大孩子是妇人大哥的遗孤，小孩子是妇人亲生子，她宁愿让自己的孩子受苦，也不愿让侄儿遭罪，为的是不负大哥的托孤之意。

黄巢一听，对这位年轻妇人肃然起敬，认为她是天下少有的义妇，于是挥剑砍下路旁的艾草、菖蒲，让她拿回家去挂在门上，并严令将士："进军途中，如遇门挂艾蒲者，必须加保护。"

这位妇人听了，半信半疑。但是她回到城里后，还是把这件事情告诉了左邻右舍。

第二天正是端午节，黄巢的军队攻打邓州城，只见家家户户门上都挂了艾草、菖蒲。黄巢果然信守对

黄巢（820—884），是唐末农民起义的领袖人物，由于他的人格魅力和过人的胆识，最终成为这场大起义的总领袖。由他领导的这场大起义摧毁了腐朽的李唐王朝，打破了唐末军阀割据混战的黑暗社会的僵死局面。为社会由分裂向统一过渡准备了条件，从而推动了历史继续向前发展。

■艾叶、粽子和鸡蛋

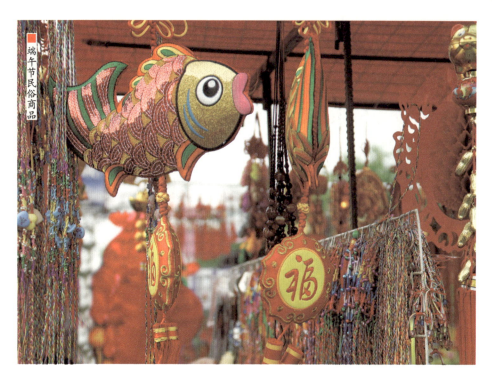

端午节民俗商品

那位妇人的承诺，领兵离去。

从此，端午节挂艾草、菖蒲的习俗，就这样流传下来了。

躲端午，也是端午节的习俗，指接新嫁或已嫁之女回家度节。简称躲午，亦称躲端五。

俗以五月、五月初五为恶月、恶日，诸事多需避忌，因有接女归家躲端午之俗。

此俗在宋代似已形成，陆游《丰岁》诗道：

羊腔酒担争迎妇，鼍鼓龙船共赛神。

《嘉靖隆庆志》亦记载："已嫁之女召还过节"。在《滦州志》中，也记载有：

女之新嫁者，于是月俱迎以归，谓之"躲端午"。

端午雨，也是民间岁时占验习俗。俗信端午节下雨，不吉，反之则吉。这种俗信在宋代就已经存在。陈元靓在《岁时广记》引《提要录》写道：

> 五月初五哨，人曝药，岁无灾。雨则鬼曝药，人多病。此闽中谚语。

许月卿在《次韵蜀人李施州芾端午》写道：

> 临川人谓端午日雨，鬼旺人灾。

清赵怀玉诗自注亦引有"端阳无雨是丰年"的谚语。

陆游（1125—1210），字务观，号放翁。越州山阴人，南宋诗人。少时受家庭爱国思想熏陶，高宗时应礼部试，为秦桧所黜。孝宗时赐进士出身。中年入蜀，投身军旅生活，官至宝章阁待制。著有《剑南诗稿》《渭南文集》《南唐书》《老学庵笔记》等。

■ 端午节葫芦

端午粽子

粽情端午

端午节与赛龙舟习俗

端午节预示着炎热的夏天即将来临，动植物生命活动进入鼎盛阶段。农人们经常会根据端午节内雨水节气的应验度，来推测下半年的雨量，进而适时地调整下半年的农事。农谚有：

初一开江雨，初五划船雨，十三、十四磨刀雨，十七、
十八洗街雨，二十龙晒衣。
头八无雨二八休，三八无雨种绿豆。

其中的头八为五月初八，二八为五月十八，三八为五月二十八。

整句的意思是说：初八如无雨，十八多半也无雨，如果二十八继续无雨，则预示着下半年为旱年，只适宜种绿豆之类的耐旱作物。

关于端午节斗草的起源无考，但是普遍认为与中医药学的产生有关。

远古先民艰苦求存，生活单调，暇余以斗虫、斗草、斗兽等为戏自娱，及至传说的"神农尝百草"形成中医药学后，每年端午节，

人们到郊外采药，插艾门上，以解溽暑毒疫，衍成定俗。

在收获之余，往往举行比赛，以对仗形式互报花名、草名，多者为赢，兼具植物、文学知识之妙趣。

儿童则以叶柄相勾，捏住相拽，断者为输，再换一叶相斗。白居易《观儿戏》诗写道：

弄尘或斗草，尽日乐嬉嬉。

据梁朝人宗懔在《荆楚岁时记》中写道：

五月初五，四民并踏百草，又有斗草之戏。

《年华记丽》写道：

端午结庐蓄药，斗百草，缠五丝。

南北朝时称"踏百草"，唐代称"斗草"或"斗百草"。《刘宾客嘉话》写道：

唐中宗朝，安乐公主初五斗百草。

宋代扩展至平日随时

白居易（772—846），字乐天，晚年又号香山居士，我国唐代伟大的现实主义诗人，我国文学史上负有盛名且影响深远的诗人和文学家。他的诗歌题材广泛，形式多样，语言平易通俗，有"诗魔"和"诗王"之称。有《白氏长庆集》传世，代表诗作有《长恨歌》《卖炭翁》《琵琶行》等。

■ 粽子与艾叶

可斗。历代文人作品中对此多有描述。

北京故宫博物院藏有一幅《群婴斗草图》，其玩法大抵如下：比赛双方先各自采摘具有一定韧性的草。

斗草多为车前草，车前草是多年生草本植物，多生路边、沟旁、田埂等处。无茎，具多数细长之须根；叶自根际丛出，薄纸质，具五条主叶脉，全缘或波状，或有疏钝齿。具绿白色疏生花，雄蕊4枚。果实成熟后会如盖子般掀开，释出4颗至6颗棕黑色种子，其长长的花轴，是用来斗草的好材料。

把花轴相互交叉成"十"字状，并各自用劲拉扯，以不断者为胜。这种以人的拉力和草的受拉力的强弱来决定输赢的斗草，被称为"武斗"。

斗草除有武斗外，还有文斗。所谓文斗，就是对花草名。《红楼梦》第六十二回中说：

宝玉生日那天，众姐妹们忙忙碌碌安席饮酒作诗。各屋的丫头也随主子取乐，薛蟠的妾香菱和几个丫头各采了些花草，斗草取乐。这个说，我有观音柳；那个说我有罗汉松……

《红楼梦》原名《石头记》，曹雪芹著，我国古代四大名著之一。因当时社会环境和手抄流传，使仅保存80回，通行本后40回高鹗续。此书是一部具有高度思想性和艺术性的伟大作品，作者根据家族的兴衰的艺术升华，对封建腐朽的科举制度、包办婚姻、等级制度等进行思考。

端午节的斗草游戏很是热闹，自有一番别样的情趣在其中。

在古代，端午还有射箭之戏。据《金史·礼志》记载：

金因辽俗，重五日插柳去地约数寸，削其皮而白之。先以一人驰马前导，后驰马以无羽横簇箭射之。既断柳，又以手接而驰去者为上。断而不能接去者次之。每射必发鼓以助其气。

至明代时，是把鸟雀贮于葫芦中射之，以决射技。

打马球也是端午的习俗之一。马球，就是骑在马上，持棍打球，古称击鞠。

三国曹植《名都篇》中有"连翩击鞠壤"之句。唐代长安，有宽大的球场，唐玄宗、唐敬宗等皇帝均喜打马球。

章怀太子墓中《马球图》，画出了唐代马球的兴盛。只见画上，20多匹骏马飞驰，马尾扎结起来，打球者头戴幞巾，足蹬长靴，手持

射箭壁画

■ 打马球蜡像

击鞠 也就是马球，亦称打毬或击毬，出现在唐代。游戏者必须乘坐于马上击球，击鞠所用的球有拳头大小，球体的中间被掏空，制球的原料是一种质地轻巧且柔韧的木材，球的外面还雕有精致花纹。

蝙蝠 传统寓意纹样。在我国传统的装饰艺术中，蝙蝠的形象被当做幸福的象征，习俗运用"蝠""福"字的谐音，并将蝙蝠的飞临，结合成"进福"的寓意，希望幸福会像蝙蝠那样自天而降。以此组吉祥图案。

球杖逐球相击。

在端午节，各地也有属于自己的独特习俗。在北京有游天坛的风俗。《帝京景物略》写道：

> 五月初五之午前，群入天坛，日避毒也。过午后，走马坛之墙下。无江城系丝段角黍俗，而亦为角黍。无竞渡俗，亦竞游耍。

上海还有钟馗赛会，由一男子饰成钟馗，手挥宝剑，前举一纸糊蝙蝠，做"恨福来迟"状，跟随全副仪仗，穿行街市，以做驱祟。

在宁波地区，有送端午担垫矮凳脚的习俗。宁波旧俗，有对象的男青年要在端午挑"端午担"送女方家。

在端午一大早，只见田塍上远远近近走着肩挑箩筐的后生，这可不是收旧货兑麦芽糖的，而是虔诚地向未来的丈人家去"进贡"的。他们的后面跟着许多拍手跺脚的孩子们。

端午担，少者4色，多者8色，黄鱼要成双，一只蹄髈、一只鸡、粽子、荸荠、粉干，还有一只头颈涂红的戆大鹅。据说鹅在路上越叫越发，称"戆戆鹅"，故有"呆大"女婿一说。

城里未过门的女婿也要提包头送节，包头6色或8色，用幢箱篮装着酒、烟、黄鱼、火腿等，外加时鲜佳果枇杷、桂圆之类。宁波人把这种送礼，称作"垫矮凳脚"，意思是要把未来的岳父母摆平。

按礼节，丈人丈母要把部分节货作为回礼货送还女婿家。如果是新媳妇，回礼中会有雏鸡，寓意"早生贵子"。

游百病，是盛行于贵州地区的端午习俗。男女老幼往野外游玩，穿新衣，路上山上或树下挤满人群，手抱花草，非常快乐。

晚上回家后，将花草和水煮开洗澡，老年人称为"游百病"及"洗百病"。当地民间认为，不出去游百病及洗百病的人，一年到头就不会获得吉利。

一直以来，台湾有三大民俗节日，即寒冬时的春节、金秋的中秋节以及充满初夏气息的端午节。

佚名人物画《马球图》

台湾的端午节，小孩儿一定都玩过一个游戏，那就是"立鸡蛋"：谁能在端午节当天正午整点，把一个鸡蛋立起来，就能得到好运。

一般认为端午节正午，阳气最重，所以能将鸡蛋立起。这个习俗来由已不可考，可是从小到大都玩得乐此不疲，玩的时候也各出奇招，有点像是一种仪式在玩了。

跟祖国大陆许多地方一样，台湾端午节都会赛龙舟、喝雄黄酒、门前挂艾草、小孩佩香包、吃粽子。

在台湾端午节有个特殊的习俗，就是取"午时水"，传说当年郑成功收复台湾后，部队一路从南向北，行经台湾中部大甲的铁砧山时已经没水了，可是又找不到水源，郑成功情急之下向上天祈求后，便用宝剑往地上一插，把剑拔起来后果然泉水如涌。

当天刚好是端午节正午，所以这道水便称为"午

粽情端午

端午节与赛龙舟习俗

■ 端午佩带香包

时水"。午时水这个说法慢慢从台湾中部传开后，每到端午节民众都会到庙的井里或登高去山泉里求"午时水"。

午时水在古时又名为阳水，可辟邪去晦气，来洒净房宅有清净效果；另外有很多人觉得"午时水"可以经年不腐，喝了或拿来泡茶还有强身健体、美容的功效，所以台湾俗语也说"午时水饮一嘴，较好补药吃三年"，台湾还有许多人喜欢收藏午时水的"年份"呢！

说起来端午节这个节日基本上是跟"水"有关的节日，所以在多水，气候又较湿热的南方比较流行，习俗大同小异，但台湾先民将这个节日带过来时，多少又融合一些本地特色，充满了台湾本地的活力。

形形色色的端午习俗，让端午节充满了浓郁的节日气氛。

包粽子

一脉相承

习俗流布

阅读链接

旧时，长沙城内的儿童"火毒甚重，易生疖疮"。因此，端午日长沙城内家庭最注重让小儿败毒。在端午之日，以大蒜子煮片糖，食之，可保孩童一夏难生痱子和疖子。

过去的长沙人家，还常会在端午节的午时把艾叶子、石菖蒲、葛藤、大蒜肉煎水，晾凉，午时把细伢子泡在脚盆中，以保证细伢子在夏天不生痱子，长得乖。

更多的人家在端午节时，只是用菖蒲、艾叶、枫球子等熬汤让小儿洗浴，据说可除百病。

蕴含智慧的有益健康活动

端午在古人心目中是毒日、恶日，在民间信仰中这个思想被传了下来，所以才有种种求平安、禳解灾异的习俗。

其实，这是由于夏季天气燥热，人易生病，瘟疫也易流行。再加上蛇虫繁殖，易咬伤人，所以要十分小心，这才形成此习惯。种种节俗，如采药，以雄黄酒洒墙壁门窗，饮蒲酒等，是有益于身体健康的卫生活动。

人们在端午节这一天洒扫庭院，挂艾枝，悬菖蒲，洒雄黄水，激

■艾草与粽子

■ 端午粽子

浊除腐，杀菌防病。这些活动反映了中华民族的优良传统。

在古代，人们疗疾大多靠民间的验方，老百姓也大多能识好些草药。因此每到端午节时，人们便采集各种各样的草药，以备不时之需，于是，就形成了端午采药的习俗。

采药，是最古老的端午节俗之一。采药是因端午前后草药茎叶成熟，药性好，才于此日形成此俗。

《夏小正》记载：

此日蓄药，以蠲除毒气。

《岁时广记》卷 "采杂药"引《荆楚岁时记》佚文：

五月初五，竞采杂药，可治百病。

后魏《齐民要术·杂记》中，有五月捉癞蛤蟆的

一脉相承

习俗流布

《夏小正》为我国现存最早的科学文献之一，也是我国现存最早的一部汉族农事历书。由"经"和"传"两部分组成，全文共400多字。它的内容是按一年12个月，分别记载每月的物候、气象、星象和有关重大政事，特别是生产方面的大事。

■ 端午风俗饰品

《神农本草经》
简称《本草经》
或《本经》，我
国现存最早的药
学专著。由炎帝
尝百草后，后人
撰写，"神农"
为托名。全书分
三卷，载药365
种，分上、中、
下三品，文字简
练古朴，成为中
药理论精髓。

张衡 （78—
139)，字平子，南
阳西鄂人。我国
东汉时期的天文
学家、数学家、
发明家、地理学
家、诗人，为我国
天文学、机械技
术、地震学的发展
作出了贡献。在
前人研究的基础
上，发明了世界
上最早的水力传
动的浑天仪和测
定地震的候风地
动仪。

记载，亦是制药用。人们还常以癞蛤蟆的唾沫，煎汤过午给小儿洗澡，据说可以减轻痘疮的发病。

在不少地区均有端午捉癞蛤蟆之俗，如江苏在端午日收蛤蟆，刺取其唾沫，制作中药蟾酥。

杭州人还给小孩子吃蛤蟆，说是可以消火清凉、夏无疮疖。还有在当日于蛤蟆口中塞墨锭，悬挂起来晾干，即成蛤蟆锭，涂于脓疮上可使消散。这种捉蛤蟆制药之俗，源于汉代"蟾蜍辟兵"的传说。

五月捉取蟾蜍的习俗，文献上所见甚早。《淮南子》写道："鼓造辟兵，寿尽五月之望"。"鼓造"即蟾蜍。也就是说，汉代人捕捉蟾蜍，为的还不是蟾蜍，而是为"辟兵"，蟾蜍何以辟兵，这与古人的信仰有关。

汉人张衡在《灵宪》曾交代月宫中这只蟾蜍的来历：

羿请不死药于西王母，嫦娥窃之以奔月……嫦娥遂托身于月，是为蟾蜍。

由于蟾蜍被编入嫦娥传说，于是也和不死灵丹挂上了钩。《抱朴子·内篇》介绍不死灵药有五种，称"五芝"，其中"肉芝"就是"万岁蟾蜍"。

方术家所传说的五种神芝，色彩各不相同，服之可以长生不死。在《神农本草经》中，记载的五芝为：

> 赤芝名丹芝，黄芝名金芝，白芝名玉芝，黑芝名玄芝，紫芝名木芝。

据说万岁蟾蜍的神奇，来自头上的角，即肉芝，药力在灵芝以上，是长生不老的仙药。不仅"服之长生"，而且神奇非常：

> 蟾蜍万岁者，头上有角，颔有丹书八字，五月初五午时取之阴干，百日，以其足划地，即为流水。能辟五兵，若敌人射己者，弓矢皆反还自向也。

这就是《淮南子》讲到的蟾蜍辟兵的来历。

在江南的许多地方，在端午节时有采药、驱狼等传统。俗话说：

> 五月端午草，百样都是药。
>
> 端午节前都是草，端午来到都是药。

粽子红枣

于是，民间有在端午节这天上山采集地椒、野茶、苣

■ 端午风俗饰品

粽情端午

端午节与赛龙舟习俗

苣、蒲公英、匾蓄、刺蓟等药材，以备单方土法治病之用。

湖南湘中一带，在端午日偏重于采集久明光、天泡草、苦瓜叶、马齿苋、蒲公英、苦麻菜、金银花等，以便暑天备用。前三种是洗药，能防疮疖及痱子；后几种是吃药，能防痢、消炎、清肺热。

从前，在一些人烟稀少的地方，常有恶狼出没，小孩及家禽被狼叼走的灾祸时有发生。传说，每逢端午这天狼儿子出天花，死亡率高，成活率低，这样狼就难以大量繁衍。人们也乘狼之危，于端午这天，塞封狼窝，烟熏驱狼，以保人畜平安。

沐兰汤是端午节的一种卫生习俗。一身着汉服的女性端着一盆艾叶水，人们排好队依次走到主祭面前，主祭用菖蒲草沾盆里的水，在参加活动的人双手、额头、脖颈轻轻拂拭一下，以示驱除晦气。

端午日洗浴兰汤，是《大戴礼》中记载的古俗。

当时的兰不是现在的兰花，而是菊科的佩兰，有香气，可煎水沐浴。

《九歌·云中君》亦有"浴兰汤兮沐芳"之句。《荆楚岁时记》写道："五月初五，谓之浴兰节。"《五杂俎》记明代人因为"兰汤不可得，则以午时取五色草拂而浴之"。

后来，一般是煎蒲、艾等香草洗澡。在广东，则用艾、蒲、凤仙、白玉兰等花草。在湖南、广西等地，则用柏叶、大风根、艾、蒲、桃叶等煮成药水洗浴。不论男女老幼，全家都洗，据说可治皮肤病、去邪气。

在北方一些地区，人们喜于端午采嫩树叶、野菜叶蒸晾，制成茶叶。在广东潮州一带，人们去郊外山野采草药，熬凉茶喝。这对健康也很有好处。

旧时，绍兴号称锡半城，锡箔工人多达数万。端午节中午，箔坊主必置五黄酒宴请工人，下午例行休息。锡箔师傅多善饮酒，往往喝得酩酊大醉。主人照例泡有浓茶供他们解醉，端午茶由此而成为不可缺少的"时令茶"，相沿成习。

端午习俗虽然显得有些原始，但是却反映出古人在特定的历史条件下的民间智慧，很大程度上有益于人们的身体健康，其朴素的卫生防疫意识值得我们学习。

阅读链接

流行于山西古县松阳民间的传统保健茶饮，其源上溯于春秋战国时期，因每逢端午佳节，当地的人们就会上山采选百草，晾匿家中常年备饮，以防病健身、美容养颜、防暑解渴、辟秽驱邪而得名。

雄黄酒性剧热，所以饮雄黄酒后必然燥热难当，须喝浓茶以解之。一般人口较多的家庭，总是要泡一茶缸浓茶，来供家人的饮用。

少数民族的别样端午节

　　端午节作为多民族的民俗大节，除了自古以来的辟瘟驱毒、防灾去病的积极含义外，不可避免地掺杂了不同地方、不同民族的风俗色彩。也正因为如此，这个民俗节日的文化意味就更浓重了。

苗族银饰

■ 苗族高排芦笙

苗族的端午节。苗族历史悠久，早就有关于5000多年前苗族先民的记载，苗族的先祖可追溯到原始社会时代活跃于中原地区的蚩尤部落。商周时期，苗族先民便开始在长江中下游建立"三苗国"，从事农业稻作，曾经创造了辉煌的历史。

苗族还是一个善于歌舞，并且歌舞形式丰富多彩的民族，苗族舞蹈、鼓舞、芦笙舞令人叹为观止，因而被称为"歌舞的民族"。

在五月初五过"龙舟节"这天，苗族除了会举行盛大的龙舟竞渡之外，还会举行跑马、斗牛、踩鼓和"游方"等活动。男女青年在芦笙、竹笛、月琴等乐器伴奏下，翩翩起舞。出嫁的姑娘，在这一天要带上鸡鸭、粽粑回娘家省亲。

水族的端午节。水族自称"睢"，因发祥于睢水

蚩尤 中华始祖之一。上古时代九黎族部落首长，约在4600多年以前，黄帝战胜炎帝后，在河北涿鹿县境内，展开与蚩尤部落的战争涿鹿之战，蚩尤战死，东夷、九黎等部族融入了炎黄部族，形成了中华民族的最早主体。

■ 苗族舞蹈

流域而得名，故民间有"饮睢水，成睢人"之说。水族在端午节要举行赛马活动。赛马之前，各村要推选几位德高望重的老人，骑着披红挂彩的骏马，在跑道上走一圈，谓之"开道"。

骑手们在比赛之前先要表演腾空跃马等高超骑技，然后再进行赛马。赛马不以名次取胜，而是比马的耐力，比骑手精湛的骑术。

此外，水族端午节有吃素的习俗。据传水族的远祖从江西迁到贵州三都地区，在此开荒种地，创家立业。某一年的秋后，远祖的4个儿子前来探望远祖，远祖上楼取肉款待他们时，不慎失足坠楼而身亡。

而老人去世的日子，正是端午节的前一天。所以水族有在端午节前一天，或老人去世下葬之前不吃荤的习惯。自此以后，水族从端午节的第一天开始，只准吃素，直至端午节结束后才能吃荤。

布依族的端午节。布依族是云贵高原东南部的土著居民，早在石器时代就在这里劳动生息。布依族在端午节有打"格螺"的习俗。格螺形似漏斗，上圆下尖，便于旋转时用鞭抽打。格螺比赛有比凶、比久、比快三种形式。比凶，以撞倒别人的格螺为胜。比久，以发旋后最后一个停旋者为胜。比快，抽打格螺向斜坡上前进，谁先将格螺"活"着打上坡为胜。

满族的端午节。满族是我国最古老的民族之一，其历史最早可以追溯到7000多年前的肃慎时期，肃慎、挹娄、勿吉、靺鞨、渤海和女真，都可以说是满族一脉相承的祖先。

满族过五月端五是为了祈福禳灾。相传很久以前，天帝派人下凡体察民情。五月初五，天帝的使臣扮成卖油翁吆喝道："一葫芦二斤，二葫芦三斤。"大家争先抢购，只有一个老头不仅不买，还告诉老翁账算错了。

等油卖完，老翁尾随那个不买油的老头，说："你是好人，今天晚上瘟神降瘟灾，你在自己房檐上插上艾蒿，可以躲过瘟灾。"老头听后就挨家挨户告

格螺 即陀螺，是我国最早的娱乐项目。形状略像海螺，多用于木头制成，下面有铁尖，玩时用绳子缠绕，用力抽绳，使其直立旋转。有的用铁皮制成，利用发条的弹力旋转。从我国山西夏县新石器时代的遗址中，就发掘了石制的陀螺。可见，陀螺在我国最少有四、五千年的历史了。

■ 端午放河灯

■ 香包挂件

傣族 最早也被称作摆夷族，是我国少数民族之一。散居于云南的大部分地方。傣族通常喜欢聚居在大河流域、坝区和热带地区。傣族历史悠久，与属壮侗语族的壮族、侗族、水族、布依族、黎族、毛南族、仡佬族等有着密切的渊源关系，都是"百越""骆越"民族的后裔。

诉所有的人，家家插上艾蒿，瘟神无法降瘟灾，人们都得救了。

五月端五满族讲究房檐上插艾蒿以防病，还讲究到郊外踏露水，据说用这天的露水洗脸、头和衣服，可以避免生疮疖、闹眼病。

纳西族的端午节。纳西族系古羌人后裔，自西北河湟地区南迁，与土著融合而形成。东巴教是纳西族的特有宗教。东巴文化因保存于东巴教而得名，主要包括东巴文字、东巴经、东巴绘画、东巴音乐、东巴舞蹈、东巴法器和各种祭祀仪式等。

纳西族每年农历五月初五清晨，家家要吃糖枣糯米饭，喝雄黄酒。门前插白蒿、三根葛蒲及两根大麦穗。长辈要给15岁以下的孩子绕扎五色棉线，称"续命线"。男孩绕左腕，女孩绕右腕。续命线需戴一个月的时间等到火把节最后一天才解下烧掉。

节日里，集市上还摆设药摊，出售各类名贵药材。妇女们则绣织小香包、小钱包、布娃娃、扇套、笔套等手工艺品。

傣族的端午节。傣族是一个具有悠久历史的少数民族，自古以来傣族先民就繁衍生息在我国的西南部。史籍《史记·大宛列传》《汉书·张骞传》就有傣族的历史记载，皆称傣族为"滇越"，《后汉书·和帝本纪》等数称傣族先民为"掸"或"擅"。

魏晋时期，称傣族为"僚""鸠僚""越"和"濮"。到了唐宋时期，傣族被称为"金齿""黑齿""膝齿""绣面""绣脚"和"白衣"等。元明清时期，都称傣族为"白夷""百夷""伯夷"和"摆夷"等。

傣族的端午节被当地人称为粽包节，是傣族民间节日，流行于云南省红河哈尼族彝族自治州部分地区，农历五月初五举行。

节日里，未婚青年男女身着盛装，在村边树下围成一圈唱情歌。然后，小伙子把粽包掷给自己所看中的姑娘，若姑娘也有意，就拾起粽包，双双到附近僻静处谈情说爱，至日落西天时才离去。

藏族的端午节。藏族主要是居住在青藏高原地区，藏族是汉语的称谓。西藏在藏语中称为"蕃"，生活在这里的藏族自称"蕃巴""蕃巴"又按不同地域分为阿里地区的"堆巴"、日喀则地区的"藏巴"、拉萨地区的"卫巴"、四川西部地区的"康巴"和青海、云南、川西北等地区的"安多洼"等。

藏族的端午节被藏民称为采花节，是藏族传统节日，主要流行于甘肃与四川交界的博峪一带。采花节在农历五月初五，节期两天。也叫女儿节。

俗传很久以前当地荒芜一片，是一位莲芝姑娘教会了人们

■ 端午佩带的香囊

采花 相传椎栗树神桑建为民除害消灾,带给人们幸福、安宁。于是每年阿昌人都以椎栗花相互祝福。进山采花时,队伍最前边的男子要挥舞阿昌人的"户撒刀"开路,以后放枪、放鞭炮、载歌载舞。鲜花采回后,扎成花塔、花轿,置于广场上。在第二三天,开始"浇花"。

■端午节文化

种地,教会了人们采花治病。后来,莲芝姑娘在五月初五上山采花时失足摔死。人们为了纪念她,就逐渐形成了采花节。

采花节的主要活动是抢水、采花和祝福。节日的早晨,人们要抢泉水洗身、饮用,俗说这一天太阳未照的泉水洗浴可以得到吉祥、饮用可祛除疾病。接着,青年男女身着盛装,带上美味佳肴,到阿里坎山上去采花。

出发时,全村男女老幼欢歌送行,采花者则表达采花的决心和愿望。到达采花坪,姑娘采花,小伙砍柴、支锅、搭棚,傍晚开始歌舞,直到半夜方休。

第二天返回村寨时,姑娘头上插鲜花、戴花环,背满筐鲜花草药。到村口时,全村齐聚村头,鸣枪致意,送酒送馍,祝贺采花青年归来,采花姑娘则向各户赠送礼物,并祝福。

彝族的端午节。彝族是我国有悠久历史和古老文化的民族之一,有诺苏、纳苏、罗武、米撒泼、撒尼和阿西等不同的自称。分布在云南、四川、贵州三省和广西壮族自治区的西北部。

端午节是彝族的都阳节，是彝族民间传统节日，主要流行于四川省凉山彝族自治州雷波及金沙江沿岸等地，时间在农历五月初五。

传说古时有一年天气炎热，彝族寨子里病疫流行。人们惊恐万分。江边的汉族兄弟听说后就把端午节采的菖蒲、艾叶和雄黄送上山，用药给老人洗疮，用雄黄酒给阿依擦身，不几天，人们的病全好了。后来，彝族人备了厚礼下山感谢汉族兄弟。

汉族人告诉他们说，端午节的草药能治百病，还能辟邪。从此，彝族也过起了端午节。因为端午节又叫端阳节，彝语把"端"念成了"都"，所以将端阳节叫做"都阳节"。

节日这天，家家户户门前都挂上菖蒲和艾叶，孩子们要用雄黄酒擦脸、青年男女还要包好粽子，带上酒和坨坨肉，到风光秀丽的山间

端午节粽子文化

草坪，进行摔跤、跑马、斗牛、斗羊、跳舞等活动。

　　杨梅会也是彝族的一个传统节日，时间也是农历五月初五，流行于云南省南涧彝族自治县新民区一带和峨山彝族自治县高鲁山一带。

　　传说很久以前，有个道人路过高鲁山一带，在山路旁种下一片瓜，并在瓜地边撒下一把细米。后来，瓜藤变成了山脉，瓜果变成了村寨，细米则变成了杨梅。这里的人便守着瓜地繁衍生息、世代相传。

　　每到农历五月初五杨梅熟透的时节，人们便聚会到山上，一边采摘杨梅，一边尽情欢乐，以表对那位道人的纪念。

　　这一天，人们除采摘杨梅，小伙子和姑娘们还聚集到一起，进行对歌和跳芦笙舞等娱乐活动。一些小伙子和姑娘通过对歌交往，往往结下百年之好。

　　仡佬族的端午节。仡佬族散居贵州、云南、广西及越南等地，也有"仡佬""老户""土人"和"土蛮"等别称。

古歌 我国民歌体裁风俗歌的一种。以古代神话、传说为内容，反映各民族先民心目中创世过程的民间歌曲。主要流传在我国南方少数民族中，亦称"创世记""创世古歌""开天辟地歌"和"史歌"等。

居住地降水丰富，气候温暖，适合开展农业等多种经营活动。仡佬族以农业为主，平坦地区多种水稻，山区旱地多种杂粮，属稻作农耕经济文化类型。

仡佬族有自己的语言，语音特点上接近苗语，但同源词接近壮侗语，这种情况很可能是因为仡佬族与苗族长达1000多年的交流历史造成的。仡佬族没有自己的文字，历史由口传文学如古歌等来传承。

神仙坡节是彝族、仡佬族、汉族等节日。流行于贵州省纳雍县和水城一带，时间是农历五月初五。

传说在古代时，当地有一位叫木达的小贩，他买卖公平，不欺不诈，而且有一副成人之美的好心肠。在小贩差一天就100岁的那一天，他通知周围48个村寨的各族青年人到神仙坡上集中，为青年人穿针引线物色对象。后来，他便乘着白鹤慢慢升天而去。以后人们便把这个地方叫神仙坡。

鹤 寓意延年益寿。在古代是一鸟之下，万鸟之上，仅次于凤凰，明清一品官吏的官服编织的图案就是"仙鹤"。同时鹤因为仙风道骨，为羽族之长，自古被称为"一品鸟"，寓意第一。仙鹤代表长寿、富贵。传说它享有几千年的寿命。仙鹤独立，翘首远望，姿态优美，色彩不艳不娇，高雅大方。

■ 端午芦笙表演

■ 普米族青年

仙人　即神仙，是我国本土的信仰。仙人信仰在我国早在道教产生之前就有了，后来被道教吸收，又被道教划分出了神仙、金仙、天仙、地仙、人仙等几个等级。远在佛教传入我国之前，我国本土就有了仙人的信仰。佛教传入我国之后，把古印度的外道修行人也翻译成了仙人。

每年的这一天，人们都会集中到这里来，纪念这位仙人，并歌唱娱乐，后便形成神仙坡节。届时，各族青年男女从四面八方聚会纳雍和水城交界地的神仙坡，举行吹芦笙、赛马等娱乐活动。

普米族的端午节。普米族是我国具有悠久历史和古老文化的民族之一。据本民族传说和历史记载，普米族原聚居于青藏高原，是青海、甘肃、四川交界处的游牧部落，以后他们从高寒地带沿横断山脉逐渐向温暖地区迁移，这个过程延续了上千年。

一个民族，从大西北到大西南，跋山涉水，历尽艰辛，不断迁徙，历时千年，然而民族的特色却能一直保持下来，这在人类的历史上是极为少见的。生活在云南云岭山区的普米族，可以说是我国迁徙最远的一个少数民族。

转山会是普米族传统节日，也称"绕岩洞"。流行于云南宁蒗彝族自治县普米人居住区，在每年的农历五月初五举行。

当地普米族群众视狮子山为女神，且为最高保护神，认为她可主宰繁殖和生育，给人间以幸福与平安。是日，人们身着盛装，携带食品，聚集在泸沽河畔的狮子山下，唱歌跳舞，骑马射击。

无论相识与否，人们都互相祝愿。所有前来赶会的人都要去瀑布洗澡，祈求四季平安，万事如意。

朝鲜族作为中华民族的一员，有许多自有的风俗民情，端午节就是朝鲜族的六大民间节日之一。朝鲜族的端午节内容和汉族的端午节有着不同的内容。如姑娘用菖蒲水洗发，用菖蒲根做成的菖蒲簪别在头上，意在辟邪。

这一天，村里杀猪，家家做艾糕和蒸饼，还吃小豆包。农家还做菖蒲酒和浊酒，请人共饮。这一天，还会举行妇女荡秋千和小伙子们摔跤等比赛。

土家族将端午节视为端阳节，这一天，除了油茶汤等土家族传统食品之外，粽子更是必不可少的。在重庆酉阳土家族自治县的龙潭古镇，随处可见蹲坐在地上，叫卖粽叶和糯米的土家族人。刚刚摘下的粽叶带着些许山林的清香气味，和着糯米甜甜的香气，让人强烈地感受到端午节的气氛。

■端午节粽子

■ 端午节香袋

灯笼 起源于西汉时期，每年的农历正月十五元宵节前后，人们都挂起象征团圆意义的红灯笼，来营造一种喜庆的氛围。后来灯笼就成了我国人喜庆的象征。经过历代灯彩艺人的继承和发展，形成了丰富多彩的品种和高超的工艺水平。我国的灯笼综合了绘画艺术、剪纸、纸扎、刺缝等工艺，在我国古代制作的灯彩中，以宫灯和纱灯最为著名。

摆手舞是土家族原始的祭祀舞蹈。每逢节日，土家族人都会打着灯笼和火把，举着五彩锦旗，身披花被面，涌入专门的"摆手堂"。

土家族摆手舞节奏鲜明，舞姿粗犷有力，内容多为表现土家族人民生产、生活和征战的场面。能歌善舞的土家族人民常常一连几个通宵跳摆手舞，庆祝节日和美好的生活。在这天，土家族的人们会把已出嫁的女儿一家接回娘家过节，未婚的女婿在端午节这天必须在岳父母家共度良宵。

女婿必送"五色礼"给岳父母。岳父母准备好粽子、麻花等款待女儿一家，但必须准备"花伞"或"草帽"，女儿、女婿回家时各送一把花雨伞，俗称"鸳鸯伞"，雨伞象征夫妻感情天长地久，经受人生风雨而白头到老，夫妻风雨同舟、忠贞不渝。

端午"送花伞"，也就成为土家族婚俗中约定俗成的风俗。山寨不论贫富，不分贵贱，端午这天都要给未婚和已婚女婿送一把雨伞，表达父母的一片心愿。花伞象征夫妻形影相随、永不分离。

此外，一些土家人还会在吊脚楼前搭台对歌，表达男女之间的爱慕之情和浓浓的乡土之情。

达斡尔族的端午节。达斡尔族五月五端午节有早起喝"圣水"、江河沐浴、采艾蒿塞耳朵、吃馅饼、水饺或饸饹的习俗。

达斡尔族有一古老的风俗：把端午节这天的井水视为圣水，能喝上这天日出前第一口"圣水"的人是最幸福的人。所以，各家各户都争相起早，求得一年的吉利。家里的童叟妇孺不便到井台来，用打回去的水洗脸，也能清心明目，益寿延年。

清晨到江河边沐浴。通常，少女会在水边梳妆，男人们则到水中游上一圈。究竟为什么达斡尔人都愿在端午节到江中沐浴？相传，这样做可以洗去过去一年的瘟灾毒瘴，可以避灾驱邪，求得一年平顺。

端午节采艾蒿是达斡尔族与其他许多民族共有的风俗。把艾蒿插于同伴的耳侧，塞耳朵，挂于门楣房檐，表现了人们的一种祝愿。

编成艾绳晾干储存起来，日后既能点燃驱蚊除瘴，又能用它点烟对火。妇女们到江河之滨，和姐妹们尽情地欢乐一番，唱着乌春、扎恩达勒，跳

包粽子

起鲁日格勒。

蒙古族过端午节有踏青、登山和采集艾蒿等习俗。在端午节当天的日出前，蒙古族的人们都要穿上节日的盛装，迎着初升的朝阳，欢聚在圣洁的敖包前开始传统的祭祀活动。农牧民在这一天自发组织娱乐活动，融祭祀与民族歌舞于一体。

之后，身着盛装的蒙古族人们便会选周围有代表意义的山进行攀登。特别是对未婚的男女来说，这是一个绝好的交流时机。已订婚未结婚的恋人这一天一定要在一起。

无论男女老少都会奋力登上山顶。用随身携带的祭品祭祀山川草木，祈求山神、路神保佑丰收、平安。能歌善舞的人们还会用原生态的民歌、马头琴等来歌颂美好的幸福生活。

采集艾蒿是说天一亮，人们就会早起床上山采集五月艾蒿，插在门窗和箱柜上，并人人将艾叶夹在耳朵上。据传说在远古的时候，蒙古族地区受外部人入侵，人们躲在白蒿丛中得以逃生，因此人们认为此蒿为仙蒿。不但要将艾蒿挂在家中，还要插在敖包上进行祭祀。

粽情端午

端午节与赛龙舟习俗

阅读链接

锡伯族的端午节。锡伯族世居呼伦贝尔大草原和嫩江流域。18世纪中叶西迁至新疆察布查尔等地。

每年端午节，他们都举行一次规模盛大的赛马和叼羊活动，优胜者给予奖励。后来，由于与周围各兄弟民族之间的交往日益密切，便经常举行多民族的赛马、叼羊比赛。

这不仅锻炼并增强了他们的体质和毅力，而且促进了各民族间的友爱团结。

龙舟文化

　　"龙舟竞渡"是在战国时代就已有的习俗。战国时期，人们在急鼓声中划刻成龙形的独木舟，做竞渡游戏，以娱神与乐人，此时的龙舟竞渡是祭仪中半宗教性、半娱乐性的节目。

　　在两湖地区，祭屈原与赛龙舟是紧密相关的。可能屈原及曹娥、伍子胥等逝去后，当地人民也曾用魂舟送其灵魂归葬，故有此俗。但赛龙舟除纪念屈原之外，在各地人们还赋予了不同的寓意。

具有深厚内涵的龙舟文化

那是在很久很久以前，广西宾阳邹圩没有河流，只有一条又小又脏的水沟。有一天，有个打鱼人在水沟里网住了一条小蛇。这条小蛇十分奇特，尾部有9片闪耀的鳞片。当鱼人把手触向鳞片时，蛇眼里闪

端午赛龙舟

着乞求的光芒，十分可怜。

渔人顿生恻隐之心，抚了一下它的鳞片，就把它放回了水沟。谁知那9片鳞忽然落了，小蛇长身而舞，化为一条小龙。

原来，它是一条上天的神龙，因触犯了天条，受玉皇大帝处罚，变成这副模样，它的尾巴上被加了9把锁，就是小蛇尾上的9片闪耀的鳞。

玉皇曾言："这锁要打开，除非得到人的阳气。"刚才渔人无意中竟打开了小龙身上的千年枷锁。小龙为了感谢渔人，在水沟里不停地翻动，并从口里不停地喷出水来，灌注在小水沟里。慢慢地小水沟变成了大河，也就是后来的邹圩清水河，河水为邹圩带来了五谷丰登。

为了纪念这条神龙，人们把沿河的村子称为龙头寨，上龙首等村。在神龙升天这一天，也就是端午节举行赛龙舟，以示庆贺。

龙舟竞渡作为一种文化，还有一种传说是由龙图腾崇拜的宗教祭祀活动不断发展而来的，后来用以纪念爱国诗人屈原等先贤志士，起到传承我国的古老文化，凝聚民族精神的强大动力。

传说在我国东南沿海的百越人是个神秘的民族，在我国南方曾分布着大大小小许多部落，他们大多具

■ 古画《龙舟竞渡图》

玉皇大帝 全称是"昊天金阙无上至尊自然妙有弥罗至真玉皇上帝"，又称"昊天通明宫玉皇大帝""玄穹高上玉皇大帝"，居住在玉清宫。道教认为玉皇为众神之王，在道教神阶中修为境界不是最高，但是神权最大。玉皇上帝除统领天、地、人三界神灵之外，还管理宇宙万物的兴隆衰败以及吉凶祸福。

■ 划龙舟雕塑

有某些共同的文化特征，就是崇拜龙图腾，被统称为吴越人。吴越人善于驾驶独木舟，他们信奉蛟龙为图腾。图腾祭祀也就是龙舟竞渡最早的文化遗存。

早在7000多年前，远古先民已用独木刳成木舟，加上木桨划舟。我国较早的文学经典著作《淮南子·齐俗训》记载：

胡人便于马，越人便于舟。

我国最早有关龙舟的记载，见于先秦记述周穆王事迹的古书《穆天子传》：

天子乘鸟舟龙舟，浮于大沼。

相传在很久以前，南方水网地区人们就常以舟代

《淮南子》 又名《淮南鸿烈》《刘安子》，是我国西汉时期创作的一部论文集，由西汉皇族淮南王刘安主持撰写，故而得名。该书在继承先秦道家思想的基础上，综合了诸子百家学说中的精华部分，对后世研究秦汉时期文化起到了不可替代的作用。

步，以舟为生产工具和交通工具。人们在捕捉鱼虾的劳动中，比水产品的收获量。人们在休闲时相约划船比速度，寓娱乐于劳动生产及闲暇中，这是远古竞渡的雏形。

神话传说古代吴越人是以龙为图腾的民族。我国古籍《说苑·奉使》等说吴越之民有"断发纹身""以像龙子"的习俗，这种习俗的文化底蕴来源于对龙图腾的崇拜。

后来吴越人民为表明自己是"龙"的后裔和对龙祖的尊重，祈求龙神来保护生命安全和避免蛇虫之害，每年五月初五这一天，都要举行盛大的龙祭。

他们在祭祀的仪式上，将龙形纹饰在身体上，把乘坐的木船刻画成龙的形状，龙首高昂，龙尾翘起，涂上各种彩色，称为龙舟，龙舟就这样产生了。

这种祭祀活动寄托着人们祈愿像龙图腾那样，让

图腾 是原始人群体的亲属、祖先、保护神的标志和象征，是人类历史上最早的一种文化现象。运用图腾解释神话、古典记载及民俗民风，往往可获得举一反三之功。图腾就是原始人迷信某种动物或自然物同氏族有血缘关系，因而用来做本氏族的徽号或标志。

精彩演绎

龙舟文化

■端午节龙舟赛

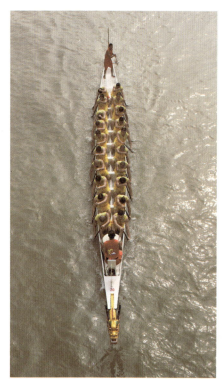

■ 端午节龙舟

鼓 在远古时期，鼓被尊奉为通天的神器，主要是作为祭祀的器具。在狩猎征战活动中，鼓都被广泛地应用。鼓作为乐器是从周代开始的。周代有八音，鼓是群音的首领，古文献所谓"鼓琴瑟"，就是琴瑟开弹之前，先有鼓声作为引导。鼓的文化内涵博大而精深，雄壮的鼓声紧紧伴随着人类，远古的蛮荒一步步走向文明。

龙的传人得以复兴强大起来，后来人们在龙舟的四角缠上彩旗，彩旗飞舞，青壮年"着彩衣，立龙首"，在急骤的鼓乐声中做龙舟竞渡，赛龙舟的习俗由此开始发展起来。

人们在祭祀龙图腾的节日里，用饰龙的独木舟竞渡，来敬奉欢娱神明龙。在龙舟竞渡的同时，人们将各种装在竹筒中或裹在树叶里的食物，抛给龙神吃。

在这种充满神秘色彩的原始宗教文化活动中，你追我赶的热闹景象，团结拼搏的精神力量，就是龙的传人争取民族复兴的演绎，这就是龙舟文化深刻的内涵，也是龙舟文化最值得传承的意义。

到了春秋时代，人们赛龙舟纪念爱国诗人屈原，或是纪念越王勾践训练水师，卧薪尝胆，以弱胜强战胜吴国的事迹，仍然包含图腾复兴的文化意向。

唐朝张建封的《竞渡歌》在结尾时写道：

须臾戏罢各东西，竞脱纹身请书上。

这时还是称彩衣为纹身。

据晋代司马彪的《后汉书·礼仪志》记述，夏商周龙舟竞渡有些在夏至节举行。自从人们用以纪念屈原，便多在端午节赛龙舟了。龙舟竞渡源于屈原的最早说法，见于南朝梁人宗懔的《荆楚岁时记》记载：

司马彪 河内温县人，字绍统，西晋史学家，晋朝皇族，高阳王司马睦长子。司马彪因此闭门读书，博览群籍。初官拜骑都尉，泰始中任秘书郎，著作转丞。著作《续汉书》。

五月五日，竞渡，俗为屈原投汨罗日，伤其死，故并命舟楫以拯之。

传说屈原是在五月初五投江殉国。古人以五月为多灾之月，初五又是犯忌的日子，常以这一天为哀悼纪念的日子。

在汉代以后相当长的时间里，以龙舟竞渡纪念不同的忠臣孝女，在不同的地区并存着。

在四川，南宋以后的一段时期，为纪念唐代安史之乱时保卫成都有功的浣花夫人，每逢四月十九她的生日，便由地方官率众游锦江。

到了宋代，朝廷追封屈原为忠烈公，并下诏将五

精彩演绎

龙舟文化

■ 龙舟赛浮雕

月初五定为"端午节"，谕令各地官府组织诸如赛龙舟之类的活动，以纪念屈原。

后来，历代的人们就在端午节举行龙舟竞渡和吃粽子一起来纪念屈原，这也就成为端午节固定的习俗了，使人们误以为龙舟起源于纪念屈原。

这种情况的出现，并不是偶然的。因为屈原忧国忧民的襟怀，直言敢谏的品格，对反动势力和险恶形势不妥协、不退让的斗争精神以及出污泥而不染的高尚情操，在我国数千年的历史中，是上自宫苑君王，下至乡野百姓，一致公认的崇高道德典范。

屈原深厚的爱国主义精神，具有其他忠臣孝女无法抗衡的力量，这种力量蕴藏于我们全民族集体意识的深处，融汇在我们中华民族精神的心理素质、审美意识、伦理观念以至民族精神的精髓之中。

屈原精神与龙舟文化的结合，使龙舟竞渡这种古老的习俗获得了新的含义，注入了新的精神。

相传在屈原所投的汨罗江两岸人民，每年端午节龙舟竞渡时，他们往往点上蜡烛，抬着龙头，先到"屈子祠"去祭拜一番，然后一声

粽情端午

端午节与赛龙舟习俗

炮响，众船竞飞，表达他们对先哲的哀思。

在正式竞渡开始时，气氛十分热烈。唐代诗人张建封《竞渡歌》写道：

两岸罗衣破晕香，银钗照日如霜刃。
鼓声三下红旗开，两龙跃出浮水来。
棹影斡波飞万剑，鼓声劈浪鸣千雷。
鼓声渐急标将近，两龙望标目如瞬。
坡上人呼霹雳惊，竿头彩挂虹霓晕。
前船抢水已得标，后船失势空挥桡。

这些诗句淋漓尽致地写出了龙舟竞渡的壮观景象。妇女们平时是不出门的，此时也争着来看龙船，银钗耀日。鼓声、红旗指挥下的龙舟飞驰而来，棹如飞剑，鼓声如雷。终点插着锦绮彩竿，作为标志。

赛龙舟除纪念屈原之外，不同区域的各民族人们

■ 端午龙舟比赛

粽情端午

端午节与赛龙舟习俗

■ 端午赛龙舟

还赋予了不同的寓意。

　　江浙地区划龙舟，兼有纪念当地出生的近代女民主革命家秋瑾的意义。夜晚，在龙船上，张灯结彩，来往穿梭，水上水下，情景动人，别具情趣。

　　贵州苗族人民在农历五月二十五至二十八举行"龙船节"，以庆祝插秧胜利和预祝五谷丰登。云南傣族同胞在泼水节赛龙舟，纪念古代英雄岩红窝。不同民族、不同地区，划龙舟的传说有所不同。

　　在很长的历史时期，南方不少临江河湖海地区，每年端午节都要举行富有自己特色的龙舟竞赛活动。赛龙舟，除了比赛速度外，还有其他一些活动。比如龙舟游乡，是在龙舟竞渡时划着龙舟，到附近熟悉的村庄游玩、集会。

　　有时龙舟还有各种花样的划法，具有表演的含义。如广州的龙舟，挽手用桨叶插入水中，再往上挑，使水花飞溅。船头船尾的人有节奏地顿足压船，

吴自牧 钱塘人，大约在宋度宗咸淳中前后在世，生平亦无考证。宋亡后尝追记钱塘盛况，介绍南宋都城临安城市风貌，作《梦粱录》20卷。《四库全书总目提要》认为，此书与孟元老所著《东京梦华录》同体。

使龙舟起伏如游龙戏水一般。

浙江杭州市余杭区龙舟，有的是让人把龙尾踩低，使龙头高翘，船头的急浪便从龙嘴中喷吐出来，如龙吞云吐雨一般。也有的是游船式竞渡。如《淮南子·本经训》记载：

龙舟鹢首，浮吹以娱。

也就是说，人们划着龙船、摇船在水上奏乐、游玩，是一种自娱自乐的活动。

在宋代吴自牧的一部介绍南宋都城临安城市风貌的著作《梦粱录》中记载，南宋杭州有"龙舟六只，戏于湖中"。湖上有龙舟，只是画舫游船的一部分。

在划龙船时，又多有唱歌助兴的龙船歌流传。如湖北秭归划龙船时，有完整的唱腔，词曲根据当地民

■ 端午赛龙舟

端午龙舟比赛

歌与号子融汇而成，唱歌声雄浑壮美，扣人心弦，有"举楫而相和之"的遗风。

又如广东南雄县的龙船歌，是在四月龙船下水后唱到端午时止，表现内容十分广泛。流传于广西北部桂林、临桂等地的龙船歌，在竞渡时由众桡手合唱，有人领呼，表现内容也多与龙舟、端午节俗有关，歌声宏远，撼动人心。

随着时代的发展，龙舟活动的内容增多，由单一的竞渡，发展至驾龙舟抢鸭子，造型龙舟游江等。

龙舟文化具有历史长远的悠久性，各族人民独特方式竞赛的民族性，有众多人员参赛和观看的群众性，奋力拼搏的竞争性，以及由此产生的娱乐性等特点。

阅读链接

早在屈原之前，沅陵就有了龙舟。沅陵龙舟发源于远古，祭祀的对象是五溪各族共同的始祖盘瓠。盘瓠曾落户沅陵半溪石穴，生六儿六女，儿女互婚配，繁衍成苗、瑶、侗、土、畲、黎六个民族。

盘瓠死后，六族人宴巫请神，为其招魂。因沅陵辟山环侍，水道密集巫师不知他魂落何处，就让各族打造一只龙舟，逐溪逐河寻找呼喊，以至演变成后来的划船招魂的祭巫活动。沅陵龙舟起源于5000年前，比纪念屈原的说法要早了3000多年。

绽放异彩的传统制作工艺

　　龙舟是做成龙形或刻有龙纹的船只。民间用来竞渡的龙舟与皇家龙舟不可比肩，一般都做得窄小狭长一些，以利于赛事。

　　传说古人出于对龙的崇拜，历代在龙舟的制作上都相当地讲究，

■ 龙舟"龙头"

■ 赛龙舟

显示出传统工艺的精湛。他们在龙舟制作的时候，是按龙舟竞渡的特点不断创造完善的。

古代龙舟的结构、取材、大小、长短、形制，龙舟的人数、桨手的培训和挑选等，文献上少见全面的记载，直至明朝的《武陵渡考略·渡考》中才有了较为详尽的记述。

在《渡考》中，虽然有龙舟的大小尺寸，却没有形象的图画。但是却可以和最早的宋代龙舟图联系起来理解。

到了宋代，龙舟种类的多样化，出乎了人们的想象。他们制造较大型的龙舟，有多层的楼台亭阁，豪华非常，当是天子所乘的龙舟。其余龙舟也有大小不同，或8桨，或10桨，都是可以竞渡比赛的。

龙舟与普通船只不太相同的地方，就是大小不一，桡手人数不一。广州黄埔、郊区一带制造的龙船，长33米，船上有100人，桡手80人。南宁的龙舟就不一样了，长20米，每船约50人。湖南汨罗县制作的龙舟又是不同，长16米至22米，桡手24人至48人。福建福州制作的龙舟长18米，桡手32人。

各地制造的龙舟一般都是狭长和细窄的，他们在船头饰龙头，船尾饰龙尾。龙头的颜色有红黑灰等色，均与龙灯的头相似，姿态不一。一般以木雕成，加以彩绘，也有用纸扎、纱扎的。龙尾多用整木雕，上刻鳞甲。

很多龙舟上还有锣鼓和旗帜或船体绘画等装饰。如广东顺德龙舟上饰以龙牌、龙头龙尾旗、帅旗，上绣对联、花草等，还有绣满龙凤、八仙等图案的罗伞。一般龙舟没有这么多的装饰，多饰以各色三角旗、挂彩等。

古代龙舟也很华丽，如画龙舟竞渡的元人王振鹏

木雕 是雕塑的一种，在我国常被称为"民间工艺"。雕刻用木材一般以不过硬为好，在传统建筑上用于垂花门、外檐、门窗、额枋、隔扇、屏风等。木雕艺术起源于新石器时期中国，在距今七千多年前的浙江余姚河姆渡文化，就已出现了木雕鱼。秦汉时期，木雕工艺趋于成熟，绘画、雕刻技术精致完美。

粽情端午

端午节与赛龙舟习俗

■ 端午赛龙舟景象

戟 是一种我国古代独有的兵器。实际上戟是戈和矛的合成体，它既有直刃又有横刃，呈"十"字或"卜"字形，因此戟具有钩、啄、刺、割等多种用途，所以杀伤能力胜过戈和矛。戟在商代就已出现，西周时也有用于作战的，但是不普遍。到了春秋时期，戟已成为常用兵器之一。

所绘的《龙池竞渡图卷》，图中龙舟的龙头高昂，硕大有神，雕镂精美，龙尾高卷，龙身还有数层重檐楼阁。如果是写实的，就可以证明古代龙舟的精美了。

《点石斋画报·追踪屈子》绘画的芜湖龙船，也是龙头高昂，上有层楼。有的地区龙舟还存有古风，很艳丽。

据记载，古代西湖上的龙舟，约十五六米长，头尾高翘，彩画成龙形；中舱上下两层，船首有龙头太子和秋千架，均以小孩装扮，太子立而不动，秋千上下推移；旁列弓、弩、剑、戟等"十八般武艺"和各式旗帜。尾有蜈蚣旗，中舱下层敲打锣鼓，旁边坐水手划船。

潮汕的龙舟有多种样式，正规的龙舟有龙头、龙颈、龙尾。龙身半圆而长，宽1.4米至1.6米，长短不一，有容纳12对桨、16对桨、32对桨不等，最长的可容52对桨。

龙舟的制作特别重视龙头的选择。传统的大龙舟全长35米至36米。在龙舟升水和比赛的时间上，也要择好吉日良辰，尾数必定是"一"。这些都以一作为尾数，寓意拿到第一。

苏州的龙舟分成各色，四角插旌旗，鼓吹手伏在中舱，两旁划手16人。篙师手执长钩立于船头，称作挡头篙。船头亭上，选面端貌正的儿童，装扮成台阁故事，称龙头太子。船尾高丈余，牵系彩绳，由擅长嬉水的小儿表演"独占鳌头""童子拜观音""指日高升""杨妃春睡"等节目。

龙舟本身就是看点。据《金阊民俗史话》记载，竞渡龙舟：

一般用质地轻巧的杉木制成，长7至11米，也有长至十几米的，宽约一米至数米，前装木制龙头，后装龙尾。大型的龙舟中舱有3层彩楼，高至9米，雕刻或彩绘，十分精细，旗幡绣伞，罗列前后，锦绣满船。

但也有一些贫穷的乡镇，因无力置办龙舟，便用农船或渔船临时改装，用纸扎的龙头龙尾装于木船前后，再用绘满鳞甲的布幔围之，因草草而成，被称为"草龙"。

参赛的龙舟起码是两艘以上，一般有5艘，分为青红黄白黑色，代表东西南北中方，也有6艘或7艘的，至多10多艘。

龙舟竞渡前的准备

自古以来，历代在龙舟的制作上都不断改善工艺。端午

粽情端午

端午节与赛龙舟习俗

■ 龙舟彩绘

雕刻 对雕、刻、塑三种创制方法的总称。指用各种可塑、可雕、可刻的硬质材料创造出具有一定空间的具有可视、可触的艺术形象，借以反映社会生活、表达艺术家的审美感受、审美情感和审美理想的艺术。历史悠久、技艺精湛的各种雕塑工艺，如牙雕、玉雕、木雕、石雕、泥雕、面雕、竹刻、骨刻、刻砚等，是我国工艺美术中一项珍贵的艺术遗产。

龙舟一般分为龙头、龙身、龙骨、龙尾4部分，外加桨和舵，打造出像龙一样的形状。这种龙舟扁长、轻巧、两头翘，无桨桩，昂扬的龙头和飞扫的龙尾雕刻得十分精致，油漆彩绘灿然发光。

对龙舟制作要求很高，要请专门的木工师傅，择日开工。据传，过去在动工前还需斋戒沐浴、焚香、拜神，一点儿也不能马虎。

对木料的要求很严格，多数都选用上等的木料，采用大木料来制作。如龙头，一般必须用整块的桧木来雕刻，以求灵气十足。

至于船体，多采用樟木来做，因为樟木能防虫防腐，经久耐用。制作讲究的还用整木将龙尾雕刻出许多鳞甲。制成的龙舟再配以各色浓妆，使龙舟像龙一样栩栩如生。

龙舟的长度很有讲究，广东人造龙舟多取好彩头的尺寸，譬如船长33.88米，寓意"生生猛猛"。龙舟的船身平时多是沉放在河塘的淤泥中，以防干裂，也符合"龙生大泽"的传闻。每年只有到了端午这个时节才会"请龙出水"。

龙舟上装饰最繁杂的当数顺德的鸡公头龙舟。这种龙舟中部有一个神楼，一个大鼓和一个铜锣。龙舟上还有龙头旗、龙尾旗、帅旗和罗伞等装饰。

制作龙舟前要选上乘木材，船身的木材要选上等的杉木，因为杉木轻巧，船不笨重，船速就快一点。船头、船尾用樟木，这种木质比较坚硬。依照民间习俗，樟木被视作神木，通常用来制作祭祀用品。

汨罗江附近区域的龙舟属"飞凫式"类型，制作的龙舟，船身长约24米，中等长约18米，短的12米，船宽一般为1.1米，中有一根纵贯首尾的龙骨木，宽0.57米左右，高约0.6米。

桡子，即龙舟桨叶长约0.4米，宽0.28米，桡柄长0.7米，有横把手，桡全长约1.1米，桡子不称"把"，而称为"皮"，一般的龙舟为34皮桡子，48皮桡子的称大龙舟。桡子要用樟、杉木制作，每皮桡叶上书写某龙得胜。

龙舟舵称为"招"，是用樟木制作的，呈"橹"状，长4米至5

精彩演绎

龙舟文化

年画——龙舟大会

端午节与赛龙舟习俗

樟木 又名香樟树。常绿乔木，树皮黄褐色，有不规则的纵裂纹。质重而硬。有强烈的樟脑香气，味清凉，有辛辣感。主产长江以南及西南各地。樟木是一种很好的建筑和家具用材，民间多用樟木雕刻佛像。

黄道吉日 旧时以星象来推算吉凶，谓青龙、明堂、金匮、天德、玉堂、司命六个星宿是吉神，六辰值日之时，诸事皆宜，不避凶忌，称为"黄道吉日"。泛指宜于办事的好日子。

■ 划龙舟训练

米。撬棍一副两根，每根长约1.9米。锣鼓架于船中舱，鼓为圆柱形，高0.6米，直径0.4米，锣一面，直径约0.4米。

传说，很多地方制造龙舟有个偷树风俗，在制造龙舟前，首先要偷树。被偷的人家认为，用他家的树做龙舟是吉祥的征兆，发现偷树的不动真格地追赶。

制作龙舟时，他们将偷来的树选一根最大的架在木马上，龙舟首司请一个木匠掌脉师，选一个黄道吉日，举行发木仪式。

发木时间一般选在子时，制龙舟不像雕龙头那么神秘，但在发木之时，要封禁，除首司和帮手在场以外，其余闲杂人员不准在场，特别是不准女人偷看。

发木仪式大体上与龙头仪式相同，木匠掌脉师要念神咒，反身将斧头劈在树上。首司要顶礼朝拜。发木之后，掌脉师按龙舟划手人数计算下材，由人工锯木计算材料要非常准确，要求是所有划手等人坐在船上，所需之物放在船上，船边的水平线以中点为标准，水平线过低船就慢、水平线过高船就会翻。

制造龙舟的速度非常快，一般不超过3天，有时一天一晚即可。参加制造龙舟的人员，除掌脉师收包封和一斗米外，其余人等一律不要工资，都要吃自己的饭，主动做事。铁匠钉具都要捐送，体现了一种无私无畏、团结友好的精神。

龙舟制作工艺是中华民族伟大智慧的象征，龙舟文化在制作过程中不断绽放异彩。

阅读链接

龙是中华民族的图腾，我们的祖先笃信龙能主宰一切。每年的农历四五月，吴楚水乡的先民就有在江河里划独木舟以娱龙、祈求龙神保佑的习俗。由此而衍生出后来的赛龙舟。

正是出于对龙和屈原的尊敬和崇拜，泪罗江畔的赛龙舟是一项十分神圣的活动，因而龙舟的打造必须遵循一整套严格的仪式和禁忌。

划龙舟一般由家族或村落推举的龙舟会组织。龙舟会的主要负责人称为"首司"，主要负责决定龙舟活动的大小事宜。龙舟底部的那根木头称主筋木，这根木头一定要用盗来的木材。

人们认为盗物必须跑得快，于是造出的龙舟也定然划得快，别人始终追不上。因为女人、小孩跑得慢，所以举行伐木仪式不让女人和小孩参加。

秭归汨罗江纪念屈原龙舟赛

　　屈原的故乡在湖北宜昌的秭归。作为家乡人，在秭归，人们对屈原的缅怀之情尤甚，纪念的方式也胜过其他的地方。

　　在端午节里，屈原家乡人纪念屈原最重要的民俗方式主要有赛龙舟、办诗会和公祭屈原。

　　龙舟竞渡要求很严。龙舟上的桡工人数、穿着都有要求。每船42

■ 龙舟

■ 汨罗江龙舟比赛

名划手，按龙舟色着装。桡工们各有分工：龙舟前有站头的，舟后有拖艄的，中间有打腰鼓的。

龙舟竞渡是秭归端午节的重头戏。南宋大诗人陆游的《归州重五》，就描述了秭归在当时的端午节龙舟竞渡的盛况：

斗舸红旗满急湍，船窗睡起亦闲看。
屈平乡国逢重五，不让常年角黍盘。

千百年来，划龙舟一直是屈原家乡秭归的最大的群众性集会，乡亲们非常看重龙舟比赛。端阳节时的峡江屈原沱，锣鼓喧天，鞭炮齐鸣，江上龙舟飞渡，岸上人山人海。

秭归划龙舟除场面壮观、竞争激烈外，特别之处是竞渡前还要举行游江招魂。颜色各异的龙舟均竖起"魂兮归来"的招魂幡，以白龙为首的龙舟在江中缓

招魂幡 又叫灵旗，古代招引亡魂的旗子，之后行招魂礼。楚地土家俗传，人有三魂，各有分工，魂丢人亡。喊魂即找回丢失的魂，人还未死，通过梯玛、巫觋找回游魂附体即可免死。人死了，通过礼生、梯玛、道士找回原有的三个魂，一个上神龛受祭、一个留坟堂守墓、一个去投生再世为人。

行环游，峡谷中回响起荡气回肠的《招魂曲》：

我哥哟，回哟嗬，听我说哟，
天不可上啊，上有黑云万里，
地不可下啊，下有九关八极。
东不可往啊，东有旋流无底，
南不可去啊，南有豺狼狐狸。
西不可向啊，西有流沙千里，
北不可游啊，北有冰雪盖地。
唯愿我大夫，快快回故里，
衣食无须问，楚国好天地。

两岸的人们都随着游江龙舟的鼓点节奏，深情地
唱和着"我哥回哟"，并满怀着崇敬之心，把预先备

灵牌 又称牌位、灵位、神主、神位等，是指书写逝者姓名、称谓或书写神仙、佛道、祖师、帝王的名号、封号、庙号等内容，以供人们祭奠的木牌。牌位大小形制无定例，一般用木板制作，呈长方形，下设底座，便于立于桌案之上。古往今来，民间广泛使用牌位，用于祭奠已故亲人和神祇、佛道、祖师等活动。

粽情端午

端午节与赛龙舟习俗

好的粽子纷纷投入江中。

在秭归，每年都在端午节期间隆重举行公祭屈原的活动，从南北朝一直延续了下来。所谓公祭，就是由官府出面组织的祭屈大典，为区别于民间祭祀而称为"公祭"。

在端午节，即屈原投江殉志的这天，在屈原祠里或屈原祠前的屈原沱江边，用松柏、艾叶扎成大型祭坛，将蒸熟的全猪全羊、瓜果点心及粽子献于屈原灵牌或塑像前，巨大的挽幛上篆书：

133

精彩演绎

龙舟文化

屈原大夫魂兮归来。

在婉转凄切的鼓乐箫声中，身着白色孝服的主祭官，如歌如吟地读着歌颂屈原美德的祭文。数百名学

■ 端午赛龙舟

粽情端午

端午节与赛龙舟习俗

■ 龙舟大赛

祭拜　在特定的时候朝拜一些人物神明等的传统，具体的祭祀的目的主要是弭灾、求福、报谢。祭祀是华夏礼典的一部分，更是儒教礼仪中最重要的部分，礼有五经，莫重于祭，是以事神致福。祭祀对象分为三类：天神、地祇、人鬼。天神称祀，地祇称祭，宗庙称享。

童齐声朗诵屈原的作品《橘颂》，孩子们稚嫩而有活力的诵读声，让整个屈乡充满朝气。

随后，各参赛龙舟队的领头人扛着龙头，向屈原牌位或塑像祭拜，然后是众人依次叩首焚香，祈求当年风调雨顺和五谷丰登。

湖北郧县的赛龙舟活动，可以说是我国端午龙舟的"活化石"。

堵河口位于郧县境内的汉江与堵河交汇处，围绕着韩家洲的两江三岸一渚上分布着许多自然村落，这里的乌家河、堵河口、西流、韩家洲和店子河5个村，自古以来就有龙舟会民间组织。村民们在龙舟会的组织下，每年端午聚集一起开展龙舟会赛事。

这里的龙舟会是世代相传的一种组织，约定俗成居住在村落里的每位村民都是会员，12岁至59岁的男性村民是基干会员。

龙舟会里只设会首，逐年逐户轮流充当，如果该户没有成年男人，就自动流转到下一户。每年端午节的傍晚，都有农户到刚参加完赛事的龙船上去"接龙"，把木制龙头、龙尾捧回家，担任下一届会首。

会首的责任就是承担组织赛事的一切活动和支出，在端午节的中午和晚上，要在家里摆酒席招待所有龙舟会的成员，并请村里60岁以上的老人坐上席。

堵河口5个村落所敬奉的龙有区别，乌家河村祭拜乌龙，后来改为黄龙，堵河口祭拜青龙，西流村祭拜黄龙，韩家洲村祭拜青花龙，店子河村祭拜白龙。各村的木雕龙头和龙尾上所施的彩绘和龙舟会旗帜上龙的颜色，都与所信奉的龙的颜色一致。

每到端午节，这几个村的龙舟会就会聚集在一块划龙舟，世代相传。

龙舟是各龙舟会公有专用，平时锁在专用的龙舟房内秘不示人，除了端午赛事，不作其他用途，只能在端午节前后上香烧纸钱祭拜后，才能进出龙舟房。

在端午的前两天，会首组织会员打开龙舟房，将龙舟抬到江中浸泡，待到木船吃透水后，再用铁丝打好几道箍。

彩绘 在我国自古有之，被称为丹青。其常用于我国传统建筑上绘制的装饰画。我国建筑彩绘的运用和发明可以追溯到2000多年前的春秋时代。它自隋唐期间开始大范围运用，到了清朝进入鼎盛时期，清朝的建筑物大部分都覆盖了精美复杂的彩绘。

■ 岸边龙舟

■ 端午赛龙舟

鲁班（前507—前444），姓公输名般，又称公输子、公输盘、班输、鲁般。故里在山东滕州。春秋末期到战国初期鲁国土木工匠。鲁班是我国古代的一位出色的发明家，2000多年以来，他的名字和有关他的故事，一直在广大人民群众中流传。我国的土木工匠们都尊称他为"祖师"。

农历五月初四的上午，各村都要扮船，将龙舟打扮得鲜亮，下午组织人员到江边演船。这天，无论在外打工还是走亲戚，都要风雨无阻地赶回家里，参加一年一度的龙舟会。

晚饭后，家家户户到龙舟前的沙滩祭拜许愿。零点过后，要以家庭为单位正式祭龙。堵河岸边鞭炮不绝于耳，午夜时尤盛。

农历五月初五上午，龙舟会赛事活动在乌家河与堵河口之间的堵河江面上进行，下午在西流与店子河之间的汉江江面上进行。5个村的龙舟在锣鼓喧天的江面上参与竞赛，场面异常激烈。

郧县龙舟会是群众自发组织，且数千年来一直流传，完全是原汁原味，把龙图腾崇拜意识保存得非常完好。

湖南岳阳是龙舟运动的发源地，因为伟大的爱国诗人屈原就是在汨罗江以身殉国的，当地人引舟抢救他的行动，后来渐渐演变成了盛大的龙舟竞赛活动。

赛龙舟的习俗代代相传，汨罗江畔的赛龙舟最为隆重。大概是因为屈原在这里沉江的缘故。

每逢端午节，汨罗江畔都要举行竞渡仪式，万人空巷，争相观看。身着新装的人们，点着几十对蜡烛，绕船走3圈，意思是"祭鲁班"。到屈子庙朝拜，抬着龙头祭庙，最后挂红下水开始赛龙舟。

这时，成群龙舟一齐下水，一声炮响，船似箭发，两岸欢呼，鞭炮齐鸣。船分青龙、黄龙、白龙等，不仅船身，就连船上那些旌旗罗伞的装饰，以及桡手们的服装乃至船桨，都为一色。

龙舟上除桡手外，还有指挥者和擂鼓者。指挥者手执令旗，站在船头喊号子领唱。擂鼓者以激昂的鼓声，一方面增加威势，振奋人心，一方面协调桡手们的划水节奏。

比赛时，规定赛场、比赛路线，划定起点和终点，还进行编组、编号和选定负责人，分初赛、复赛、决赛层次。

参赛龙舟有当地的，还有远道而来的外地龙舟队。有的龙舟竞渡在终点还设有投标船，当竞渡的龙舟到达终点时，投标船就将标投入水中，让各船争夺。标又分鱼标、鸭标和铁标等。

每个龙舟上还得挑选一个水性特别好的人，专司夺标之职。系着红布的活鱼标、活鸭标固然难捉，而沉入水底的铁标更非得有好的潜水本领才行。当夺标健儿跃入水中追捉的时候，岸上观众呐喊助威，场面十分壮观。

阅读链接

纪念型的龙舟竞渡，形成于汉魏六朝。吴国人周处《风土记》是最早记录端午竞渡的文献，说明在三国时期，"端午竞渡"就已经成为一种风气。

而记录龙舟竞渡是为了纪念屈原的最早文献，是梁代吴均、宗懔和唐代魏征留下的资料。其中魏征在《志》中写道："屈原五月望日赴汨罗，土人追至洞庭不见，湖上船小，莫得济者，乃歌曰'何由得渡湖？'因而鼓棹争归，竞会亭上，习以相传，为竞渡之戏。其迅楫齐驱，梢歌乱响，喧震水陆，观者如云，诸郡率然。"

自此，端午竞渡这一民俗统一在"纪念屈原"这个具有凝聚力的主题上。

赛龙舟风俗在各地的盛行

　　我国民间过端午节是较为隆重的，庆祝的活动也是各种各样，其中最主要的活动之一就是赛龙舟。

　　赛龙舟是端午节的一项重要活动，在我国南方十分盛行。各地各

■端午龙舟赛

民族之间风俗文化的差异，端午节赛龙舟文化风俗，

■ 端午赛龙舟

随着历史的发展不断演进。

在很早以前，陕西安康有赛龙舟。龙舟竞渡就是安康的一种民间民俗活动，长期演绎在汉水流域。

相传以龙为图腾的汉水一带氏族，对以龙形的器物有崇拜之意。秦头楚尾的安康，时而隶属于楚、时而隶蜀隶秦，更变频繁。东汉至南北朝时期归荆州，时而归汉中。

传说在东汉时期，安康第一任郡令就是湖北荆州人氏刘龙。因为荆州地带有划龙舟习俗，这一习俗也因刘龙的到来和倡导而传至安康地域。安康南北朝时期就有关于龙舟的记载。

龙舟竞渡自唐代兴盛形成风俗，唐代诗人元稹在《竞渡》诗写道：

吾观竞舟子，因测大竞源。

天地昔将竞，蓬勃昼夜昏。

安康 古称"金州"，是东方圣母女娲的故乡。安康地处秦巴山区，汉江穿流而过，随着勤劳的祖先的繁衍发展，长期形成了浓郁的安康汉水文化。早在宋代安康地区就开始形成龙舟竞渡的风俗。安康由于水流湍急，故龙舟宽而短，且为翘头翘尾圆底儿，当地俗称黄瓜底子。

端午龙舟赛使用的龙舟

龙蛇相嗔薄，海岱俱崩奔。
群动皆搅挠，化作流浑浑。
……
壮哉龙竞渡，一竞身独尊。
舍此皆蚁斗，竞舟何足论。

同时，唐代的刘禹锡、白居易和张建封等，均留下龙舟竞渡的诗词。这种习俗自北宋逐渐成为民间水上竞技游乐活动。

宋代诗人黄裳《减字木兰花·竞渡》描写龙舟赛的盛况：

红旗高举，飞出深深杨柳渚。
鼓击春雷，直破烟波远远回。
欢声震地，惊退万人争战气。
金碧楼西，衔得锦标第一归。

粽情端午

端午节与赛龙舟习俗

黄裳（1044—1130），字勉仲，延平人。北宋进士第一。他的词语言明艳。代表作有《卖花声》《减字木兰花》等，其中以《减字木兰花》最为著名。

潘阆 宋初著名隐士、文人。字梦空，一说字逍遥，又说自号"逍遥子"。河北大名人，一说是江苏扬州人。一生不屑于参加科举考试。为人疏狂放荡，一生颇富传奇色彩。以卖药为生。

这首词写龙舟竞渡夺标的场景，以红旗、绿柳、烟波、金碧西楼等富有特色的景物和鼓击、欢声等震耳欲聋的声响，来渲染热烈的气氛和紧张的行动，再现了当时的火爆场面。其震人心魄的效果，可与潘阆那首著名的描写钱塘江潮的《酒泉子》相媲美。

安康的龙舟竞赛，由于地域和文化方面的联系，尤其与楚境接壤，共饮一江汉水的缘故，很早就已形成风俗。

当地人相传，1869年，安康贡生刘应秋被人诬陷参加了反清复明的"复社"组织被捕入狱，后查无实证，才赦还归里，在贫穷潦倒中迎来端午节。

那里的男女老少都去观看龙舟赛，刘应秋不愿出门，一个人在家喝闷酒，于是写了《五日》一诗：

> 烦营情思懒，好意转多违。
> 乘静闲开卷，闻声似款扉。
> 无钱忘渡节，有酒不谋饥。
> 儿伴欢相唤，龙舟已过矶。

从这个故事可以真切地反映出，龙舟竞渡早已成为安康百姓广泛参与和热爱的活动。随着时代的演变，龙舟竞渡便开始定形制、定人数，而且还出现由

■ 江中龙舟

贡生 科举时代，挑选府、州、县秀才中成绩或资格优异者，升入京师的国子监读书的称为贡生。意谓以人才贡献给皇帝。明代时有岁贡、选贡、恩贡和细贡；清代有恩贡、拔贡、副贡、岁贡、优贡和例贡。清代贡生，别称"明经"。

精彩演绎

龙舟文化

■ 安康汉江端午赛
龙舟

粽情端午

端午节与赛龙舟习俗

筏子 是水中的
一种简单的交通
工具。在远古时
代，原始人类就
用水上漂浮物当
筏，后来发展成
为木筏、竹筏、
皮筏。竹筏是用
许多根长青竹编
排捆扎起来制
成。人站在筏
上，将篙插入水
中，用力撑篙，
筏子就前进了。
筏子制造方便，
航行平稳，装载
面积大。

龙舟竞渡引发增设的其他游乐竞标项目。

在古代，安康城区每年农历五月初三至初六举办龙舟赛，连划4日，数十千米内的男女老幼观龙舟，有时形成举火夜赛的盛况。

当时，安康城区一带的龙舟就有真龙和假龙之分。真龙即专门制作供龙舟竞赛的船只，形似黄瓜，雕有龙头龙尾及鳞甲，每年只在端午节赛龙舟时使用，真龙共6条。

假龙是用航运木船筏子临时用彩布装饰而成，固定的有8条，不固定的有13条，总计真假龙舟 27条。小假龙，即混江龙若干，不在计算之列。

除安康城区及旬阳、紫阳、岚皋、白河、石泉县城每年举办龙舟赛外，沿汉江的如大道河、流水镇、岚河口、月河口、石梯铺、青套湾、吕河口、蜀河、瓦房店等地，也间有赛龙舟的习俗。

龙舟竞渡作为一种民间习俗，它集祭祀、祈福、竞技、斗志、争荣誉为一体，具有一整套的程式和比赛的办法。

传说古代安康祭龙舟分两种方式，一种是有老龙头的先放在龙头的庙里祭祀。凡祭祀的前3日，都要要求所有的划手先净身。

祭祀程序一般为先开锣鼓道场，然后由龙头儿敬3炷香，众划手依次敬香完毕，行三叩九拜礼。龙头儿或乡绅念祭文：

天道玄黄，节至端阳，

祭祀龙舟，敬拜祖上。

……

汉水汤汤，龙舟闹江，

风调雨顺，永保安康。

祭念完后，要唱一些花鼓词，然后由划手护龙头游街、下江；另一种是龙头安装好进行祭龙，除要求程序与第一种一样，所不同的是头一年胜出的龙舟要由输家的划手敬拜。

九拜 辨九拜，一曰稽首，二曰顿首，三曰空首，四曰振动，五曰吉拜，六曰凶拜，七曰奇拜，八曰褒拜，九曰肃拜，以享右祭祀。稽首是跪下后，两手着地，拜头至地，停留一段时间，是拜礼中最重者。顿首是引头至地，稍顿即起，是拜礼中次重者。空首是两手拱地，引头至手而不着地，是拜礼中较轻者。这三拜是正拜。

 端午赛龙舟

144

■ 端午赛龙舟

道士　信奉道教教义并修习道术的教徒的通称。道士作为道教文化的传播者，又以各种带有神秘色彩的方式，布道传教，为其宗教信仰尽职尽力，从而在社会生活中，也扮演着引人注目的角色。道士之称始于汉朝，当时意同方士。在道教典籍中，男道士也称乾道，女道士则相应地称坤道。黄冠专指男道士时，女道士则相应地称为女冠。

敬拜后，本龙舟的划手要绕船三六九圈，然后带上艾蒲头圈，再抬上龙舟游街下江。

龙舟下水仪式相当地隆重，从场面上摆有香几，上面有猪头、羊头、苍蒲、粽子和时令瓜果。从程序上先是鼓乐钟鸣，然后是礼炮。

下水仪式开始，先宰杀一只大公鸡，让鸡血在香案前滴过后，把鸡血顺到江水中，叫鸡祭江取意吉祥。有讲究的还要请和尚或道士来诵经。

龙舟下水前，龙头儿要喊，划手要和：

龙舟下水划呀划，划得鬼神天地怕；龙舟下水拼命划，划得对手喊干达。划呀划，划得江水开银花；划呀划，划得地上结金瓜……

喊完下水号子，众划手把龙舟推下水。龙舟竞赛正式开始。竞赛分上水赛、下水赛、对岸赛、环绕赛、夺标赛、抢鸭赛、抢猪尿脬赛等。

夺标赛分两种，一种是在江中插一竹标旗，先抢到为胜；一种是在江中投一浮标，比较滑，谁先抱上船为胜。

抢鸭子，就是把鸭子头顶的毛拔掉，再撒上盐粉，把鸭子投入江中。鸭子遇盐疼痛就朝水里钻，所有选手下水抢鸭子。谁抢得多谁为勇士，哪个船抢得多哪个船为胜。

抢猪尿脬，就是用新鲜猪尿脬若干，里面放上银子钱币等，众选手下水抢，获胜办法与抢鸭子相同。

安康龙舟竞渡，是我国历史上北纬线最高的大江大河的龙舟竞渡。安康与荆楚的龙舟有血缘关系，尤其是屈原第一度流放汉水流域，使安康汉江龙舟竞渡更具有纪念屈原的文化特征。

苏州是端午节龙舟竞渡的发祥地之一。汉代赵晔在《吴越春秋》中写有赛龙舟的起源：

■ 端午赛龙舟

香几 承放香炉用的家具，因置香炉而得名，一般家具多作方形或长方形，香几则大多为圆形，较高，而且腿足弯曲较夸张，且多三弯脚，足下有"托泥"。香几不论在室内或室外，多居中设置，无依无傍，面面宜人观赏。香几在清代以前十分流行，焚香本是我国古人祭祀仪式之一，到唐宋，已演变成人们日常生活中的一部分。

145

■ 龙舟赛勇往直前

起于勾践，盖悯子胥之忠作。

邵长蘅（1637—1704），字子湘，号青门山人，后入太学，罢归乡里，再未求仕，以布衣终。早年诗学唐人，后改学宋人，前后诗风迥异。内容多为写景、吊古，常借以寄托怀念明室之意。其诗具有浑脱苍凉、流畅自然的特点，与侯方域、魏禧齐名，著有《青门全集》。

据说，苏州龙舟竞渡最早起源当为"胥门塘河"，即后来的胥江河。清代诗人邵长蘅有"五月胥江怒，水嬉欢竞渡"的咏叹。

到了清朝时，苏州端午龙舟竞渡盛极一时，地点众多，当地志书记载：

龙船，阊、胥两门，南、北两濠及枫桥西路水滨皆有之。

后来，古城苏州的端午龙舟竞渡依然延续，农历五月初五，在古老胥门城墙下，苏州人为纪念伍子胥而命名的胥江河上，彩旗飘扬，龙舟待发，吸引众多苏州百姓摇旗呐喊，为健儿们加油鼓劲。

这里每年一度的龙舟赛船，大都是隔年留下来的，但不放置水中，因为这样船身容易腐烂，而是有专门的房间存放。

在端午的前两周，龙船出屋，倒放露天，在阴湿天气刷上油漆。还要准备用猪皮做鼓面的传统鼓，在比赛时使用。

在端午节当天，胥江两岸人潮涌动，家家户户扶老携幼看龙舟竞渡。苏州人把龙舟下水称为出龙，事先要迎神演戏，称为"下水"。

他们在江边搭建5米高的彩台，用作举行舞龙祭龙仪式，拜过涛神伍子胥，比赛就正式开始了。

根据《清嘉录》中的描述，每条龙舟四角都有彩旗，中舱还有鼓吹手，两旁划桨的有16人之多，俗称"划手"。船头站立一篙师，名为"挡头篙"。竞渡时，船上结彩张旗，桨手奋力划船，锣鼓喧天。

与苏州不同，明代万历时进士、兵部尚书杨嗣昌写有《武陵竞渡略》，记载荆楚、楚湘一带龙舟竞渡风俗，分缘由、船式、人数、技术、歌词、赌赛、祭祀、卜岁等，那里：

旧制四月初八揭蓬打船，五月初一新船下水，五月初十、

龙舟

粽情端午

端午节与赛龙舟习俗

■ 龙舟龙头

十五划船赌赛，十八送标讫，便拖船上岸。

更详细规定，船中不许藏竹竿、鹅卵石，观看者也不许扔砖瓦，以防引起械斗。

唐朝将军杜亚当过淮南节度使，对江南的龙舟竞渡风俗做过很好的改良。《旧唐书·杜亚传》记载：

江南风俗，春中有竞渡之戏，方舟并进以急趋疾进者为胜。亚乃令以漆涂船底，贵其速进。又为绮罗之服，涂之以油，令舟子衣之，入水不濡。

如此说来，穿绸着锦，不光是光鲜外表，算是最早的体育专用服装了。油漆船底更高明，减轻阻力。

苏州自古是丝绸棉布的重要产地，机户密布，形成了产业链，有专门的染坊。这些社会底层的手工

丝绸 在古代，丝绸就是蚕丝织造的纺织品。丝绸是我国古老文化的象征，我国古老的丝绸业为中华民族文化织绣了光辉篇章，对促进世界人类文明的发展作出了不可磨灭的贡献。我国丝绸以其卓越的品质、精美的花色和丰富的文化内涵闻名于世。目前已知的最早丝织物，是出土于距今约4700年良渚文化的遗址。

业者在平时是低调的，可这一天的龙舟赛会，他们体力出众、团结一心，争标夺魁。

历史悠久的温州孕育了独特的龙舟竞渡文化。端午节划龙舟，在温州民间流行甚广，代代相传。《温州古风民俗》一书中记载：

在温州各地都有龙船，各庙宇设香官神，香官神传说是专管划龙船的神。

据说，每逢端午节，有些地方要做新龙船，四月初一就擂鼓开殿门，祭香官神，开始造船。

各地乡风一般都是五月初一开殿门，祭神后即开划，俗叫"上水"，龙船归去叫"收香"，斗龙结束叫"散河"或"洗巷"，并把河龙船翻转，次日再翻正，抬到庙中保存，还要祭香官神。

在划龙船地区内，都要出龙船费用，请划龙船的人吃酒，还要放鞭炮，设祭迎接，叫"摆香案"。龙船头各处大同小异。有的在船身绘画龙鳞，头尾安置活动的龙头龙尾，形状较小，有的船身稍画上几笔龙鳞，亦无头无尾，但形状较大。

龙舟竞渡

玄武 是一种由龟和蛇组合而成的一种灵物。玄武的本意就是玄冥，武、冥古音是相通的。玄，是黑的意思；冥，就是阴的意思。玄冥起初是对龟卜的形容；龟背是黑色的，龟卜就是请龟到冥间去诣问祖先，将答案带回来，以卜兆的形式显给世人。因此，最早的玄武就是乌龟。

铜锣 在明、清时期，锣被广泛地应用于戏曲音乐、舞蹈音乐和传统吹打乐当中。一般的锣都是铜制的，因此锣又有"响器"之称。简单的可以将锣分为大锣、小锣、掌锣和云锣四大类。

■ 龙舟比赛

每乡龙船，各有固定颜色的旗帜，一乡之内，有几支龙船的话，也要用旗色区分标志。

过去温州南郊南塘河的古老风俗是，蓝色旗，龙头、龙尾和船身都是蓝色，叫"青龙"，相传四方只有东方苍龙七宿称龙，所以青是正色。黄色的叫黄龙，旗白的，船的颜色也是白的，俗称"白龙"。

如果是红旗，船身也染红色，叫"红霓岭"等。龙船中没有黑龙，俗说乌龙凶暴，也有说北方玄武是龟，爬得慢，不能斗胜，因此，温州没有黑龙船。

赛龙舟开始，两船竞赛，水逐浪飞，两龙相斗，争夺锦标，各乡河道，各行分段，自为一区，斗龙互不干涉，有大龙地、小龙地的名目。

每条龙舟一般包括舵手一人、划手20人，配有一面大鼓，一支唢呐，一把铜锣。鼓手、锣手、唢呐手各一人，专为龙舟擂鼓呐喊。

鼓声一响，众人齐出桨，龙舟歌起，和着鼓声、唢呐声，节奏鲜明，铿锵有力，展现在人们面前的是一幅粗犷富有韵律的民族风情。

温州龙船人数，额定36人为一槽，就是俗称的"三十六香官"。如果是小龙，船身13档，划船的26

人，船面管旗的一人，后梢两人，唱神一人，司鼓两人，掌锣两人，托香斗两人，正合36人。大龙有18档，两旁划船的36人，加鼓、梢、锣、旗、唱神、托香斗6种执事12人，就需48人。

划船者穿的衣服一般都是依照旗色。在苍南等地，定为白衣白帽子是悼念屈原。船面上，鼓在最中，两旁划的人要听鼓声，两头是梢桨，就是船舵，靠此端正舵向。俗语说：

鼓是令，梢是命。

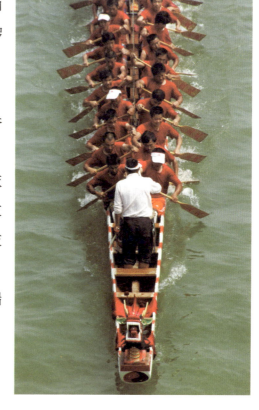

■ 划龙舟训练

锣是听鼓声的，也有鼓动的作用。旗是分明船色，使岸上观众能够辨认。执神杖唱神的，托香斗的，是为了奉香官神，在竞渡中没有作用。

在全温州的划龙船中，永嘉上塘下塘一带的龙船最为出名。斗龙一般在江流湍急的楠溪江中进行，5千米长途，往返10千米。

如果顺潮而下，中途潮涨，或者顺潮而上，中途潮落，都要斗到终点，不能停止。再加上没有换向转手，要一划到底，它的尾端设置梢桨，把梢两人，船头也有两人，以便保持船的首尾平衡。

把梢的两个人立在龙头，与36把桨一齐行动，有

唢呐 最初的唢呐是流传于波斯、阿拉伯一带的乐器。大约在公元3世纪在我国出现，新疆拜城克孜尔石窟第38窟中的伎乐壁画已有吹奏唢呐形象。其发音高亢嘹亮，刚中有柔，柔中有刚，深受人民喜爱，广泛应用于民间的婚、丧、嫁、娶、礼、乐、典、祭及秧歌会等仪式伴奏。

■ 端午游江

贴金 一种古老的技艺，是中华民族民间传统工艺的瑰宝。5000多年前的新石器时代，就出现了青铜器用黄金薄片贴饰的现象。到了3000多年前的商代，我国贴金技术日臻成熟，且广泛用于皇宫贵族或佛像寺庙的贴饰，以表现其富丽堂皇或尊贵庄重。

加强速度的极大作用，途中水长逆流，风紧浪急，锣鼓声喧，喊声震天，场面异常壮观。

在历史上，温州龙舟竞渡时还要建一种水上台阁，是温州独有的供观赏用的龙舟，叫"划台阁"。

"台阁"又称"彩舫"，是龙舟的一种。舟长数丈，阔一丈多，龙头龙尾用木头雕刻，须角、眼睛、鳞片等，用彩色油漆或贴金，外面挂红彩，在阳光映照下，真有"日照龙鳞万点金"之美。

全船划手33人，都穿着锦衣，还雇人在岸上用绳缆牵行。船中乐声悠扬，旌旗飞舞。"划台阁"以梧诞、花柳塘、蝉街等地最著名。

龙舟上搭设亭台楼阁，并有装扮人物和秋千乐队，儿童扮演的《貂蝉拜月》《八仙过海》等戏剧人物。每临端午佳节，装饰一新的台阁，在河面上缓缓游动，非常壮观。

划台阁风俗在清朝同治年间流行，20世纪初期盛行。由于划台阁耗资巨大，地方财力有限，并非年年都办。一般为隔年划，也看收成的好坏而定。

龙舟竞渡具有鼓舞人心、克服困难、勇往直前的精神，得到了人民的喜爱，被广泛流传，历久不衰。

据史料记载，广东赛龙舟在南北朝时期，梁朝天监期间，广东阳江已有船往返广州。唐朝时开始在阳江驻水军，每年都有端午节凭吊屈原的习俗。

到了明清年间，广东阳江的龙舟竞渡进入了鼎盛时期。每年的农历五月初一、初三、初五，漠阳江上群龙逐浪，锣鼓喧天，观者如潮。

传说古时候，广东阳江的龙舟竞渡特点是"舟大人多"，偏重于一种艺术性很强的群众艺术活动，据史料记载：

■ 龙舟竞赛

> 旗者、盖者、钲鼓者、挥桡击楫者，不下七八十人。

后来的龙舟是舟小人少，随着时代的变迁由巡游转为竞速，演化成一种群众性体育竞技比赛活动。

阳江的龙舟具有浓厚的地方特色，每艘龙舟都归属当地神庙或姓氏宗祠，拥有各自的旌旗和称谓，每艘龙舟所属地都设有自己的龙舟

宗祠 习惯上称"祠堂"，是供奉祖先神主，进行祭祀的场所，被视为宗族的象征。宗庙制度产生于周代。上古时代，士大夫不敢建宗庙，宗庙为天子专有。后来宋代朱熹提倡建立家族祠堂，清代，祠堂已遍及全国城乡各个家族，祠堂是族权与神权交织的中心。宗祠体现了宗法制家国一体的特征。

龙舟赛

协会，负责人被称为"龙种""种"为传承的意思。由龙种来负责组织和安排每年的竞渡活动。

到了农历五月初一早，各龙舟协会举行庄重的"祭龙"仪式，给龙头点睛、梳髻、梳须，然后划到附近河埠竹林中采青，接着外出参加竞渡。

阳江的传统龙舟长30.6米，中部宽1.2米，用柚木或梢木建造，龙头高大威猛，舟身油亮乌黑，首尾鳞甲色彩斑斓，长须飘逸，极为威武，全舟共54人。

他们与各地龙舟竞渡习俗不同的是，这里的龙舟一直都沿袭着"逆水赛舟"的竞渡方式，旨在体现一种不畏艰难和奋发争先的龙舟精神，世人称之为"划的是龙舟，赛的是精神"。

龙舟竞渡时，双龙并排逆水而上，锣鼓喧天，水花飞溅，宛如猛龙腾江，十分壮观！

每年的端午节前后，东莞水乡都有赛龙舟的习俗，其中又以万江区、道滘镇、麻涌镇等最有规模。赛龙夺锦，热闹非凡。

东莞的龙船制作十分讲究，多选择坚韧轻便的坤甸木作为龙骨。

每年龙舟比赛之后，便将它埋于村边河底处，直至来年的农历四月初八，才由村中父老主持，由青壮农民下水将龙船挖出，肩托上岸，打整涂油，这一仪式叫"起龙船"。

各镇区龙船景的日期和地点，是历史上沿袭下来的，早已形成了习惯。东莞从五月初一开始，便天天有景，初一万江景，初二西塘尾、道滘、斗朗、蕉利，初三卢村、大汾，初四牛涌尾、槎滘、滘联，直至十六麻涌景，方才告一段落。哪个地方有景，哪里就有划龙舟可看。

划龙舟主要有两种形式，一是划龙船，叫做"趁景"。只表演技巧，不排名次，轮流在各乡举行。另一种形式是斗龙船，比赛夺标，又叫"斗标"。

早些时候，在龙船趁景这一天，村前门楼披红挂绿，沿江两岸彩旗飞扬，扣人心弦的锣鼓声到处可闻。家庭主妇们几天前就开始包粽蒸糕，准备迎候客人。

当日一早，青年们就穿上色彩鲜艳的背心，腰扎红绸彩带，裸露

■ 龙舟比赛

■威武的"龙头"

着古铜色的皮肤，到江边去把龙船鼓敲得"咚咚"响。

只见一条条龙船从四面八方汇拢过来，船上飘着绣有村名称的旗帜，在指挥部报到后，便在江面上自由划行，表演各种技艺，这叫"趁景"，也可以说是表演赛。

这时，江面上除了龙船之外，还有不少小艇来往穿梭，有卖粽子的，也有给大龙船"犒标"的。

原来凡外村嫁来的妇女，看到娘家村寨的龙船时，就和丈夫、小孩一起，带着鞭炮和饼食等，划只小艇，到大龙船去慰问娘家亲友。

他们靠近大龙船后，送上礼物，祝愿亲家的龙船夺得锦标，叫做犒标。接受犒标越多，那条龙船就越吉利越光彩。

趁景之后，才开始斗标。过去斗标的规则和程序相当复杂，要一连赛上好几天，才能排出名次。也有比较简单的，即把所有参加比赛的龙舟集中于一处，只听号令一声响，千桡竞发，百舸争流。桡手们手起桨落，十分整齐。

头标奖品，一般有"金猪"，即烧猪一头，烟酒饼食等。桡手们会将奖品拿回村中饮宴，热热闹闹地庆祝一番。

在南粤大地，还流传着许多关于"扒龙舟"的有趣故事。南海盐步老龙舟长近40米，最大的特点就是老。据记载，盐步老龙舟已经有500多岁了，至今依然可以使用，堪称珠三角各地龙舟的长老。

老龙舟之所以"长寿"，是因为木材选用得好，从诞生开始，老龙舟就用上等的坤甸木制造，后来每隔20年至30年就会大修一次。

盐步老龙舟与泮塘小龙舟，在400多年前曾经结下一段"父子情"。

此后，每年的端午节，盐步老龙舟就会穿上全部行头，在两条"护龙"的陪伴下，到广州荔湾探望契仔泮塘龙舟。端午节次日，小龙舟就会到盐步探望老

坤甸木 木材强度高，耐久性强，宜做造船材料，特别适合制做航海木船、大型游艇、桥梁、电杆、枕木、车厢、卡车车架等。还可做酒桶。珠江三角洲一带，人们常用坤甸木来制作竞渡的龙舟，竞渡过后，人们将它深埋于河沙之下，因坤甸木忌北风和日晒，待来年端午节再挖出重新启用。

■ 热闹的龙舟竞渡

■ 端午龙舟比赛

龙舟，两龙舟再次在盐步的水道上操水。

根据传统，泮塘龙舟陪伴老龙舟来回巡游的时候，泮塘龙舟的龙头必定比老龙舟龙头稍微落后，以示老龙地位尊崇。

江门礼乐四面环水，域内河流状如蛛网，因有9个河口进入，历史上有"九龙入洞"之称。据史料记载，早年的礼乐无舟寸步难行，就连乡民农田耕作，也是以舟代步，泛舟江河成了礼乐人的一大专长。久而久之，就形成了"礼乐龙舟竞渡"的传统习俗。

每年的端午节，乡民都会从龙舟坞中扒出龙舟，洗去淤泥，并举行"升水"仪式。端午节当天，"扒节龙"活动在各坊展开，龙舟划到庙宇前"贺庙"，祈求风调雨顺、国泰民安。

更重要的比赛是"出大标"，称"出科"，寓意如同参加科举考试。出大标的赛道长5千米，来来回回6个多回合，整个赛程60多千米，从放龙至收龙，耗时4个多小时，相当于跑了一场马拉松。

礼乐赛龙舟，船上71个"扒丁"全程站着扒，体力消耗特别大。扒丁的选择很严格，要先经过7天的训练，由龙舟头站在岸边观察，直到第五天确定最终选手。像有的民谚说的"水上扒龙舟，岸上有眼看"。一旦被选中扒丁，犹如中了大奖。

礼乐人最讲究"意头"，按照坊间的说法，"圣地出飞龙"，只有出了大人物的坊才能拿到第一。因此，礼乐人都希望拿第一。

赛龙舟是潮汕人民喜爱的活动，历史悠久，明代陈天资《东里志》写道：

> （五月初五）水乡竞渡，大城所结彩为龙舟，或以彩纸糊之，各扮故事。

潮汕的龙舟有"假龙"和"真龙"两种，假龙是一种双头尖的"公鸡船"，或称无头臼，没有龙首和龙尾；真龙是有龙头、龙颈、龙身和龙尾，船腹和船舷分别涂上不同的颜色，涂红色挂红须的叫红龙，涂黄色挂黄须的叫黄龙，涂青色挂青须的叫青龙。

潮汕赛龙舟，民间还流传着这样一个故事。说是端午节前后，行驶于榕江下游的小木船船夫常说，当船夜里划至曲溪附近时，在那段水深流急漩涡打转的地方，常可隐约听到阵阵的呼唤声：

礼乐 我国古代文明的重要组成部分。中华"礼乐文化"奠定了我国成为"礼乐之邦"，也叫"礼仪之邦"。早在夏商周时，古代先贤就通过制礼作乐，形成了一套颇为完善的礼乐制度，并推广为道德伦理上的礼乐教化，用以维护社会秩序上的人伦和谐。礼乐文明在数千年的中华文明发展史上产生了重大而深远的影响。

精彩演绎

龙舟文化

■ 龙舟竞渡

■ 龙舟赛之"双龙出洞"

帕啊帕，欠个掠尾师父！

划呀划，少了个掌舵师傅！

这声音是怎么来的呢？传说，清代末年，曲溪附近的村庄端午节在榕江赛龙舟，一条停靠在竹林下的乌龙舟张开大口在啖竹叶。

一位清早到河边挑水的妇女，看见后心惊肉跳，因为她丈夫是这个龙舟的舵手。昨天龙舟初赛，乌龙飞速前进，把所有龙舟都远远地抛在后面。这天要决赛，她预感到乌龙可能要出事。

于是，她趁丈夫尚未起床，便悄悄地把自己与丈夫颜色相同的裤子，换给丈夫。旧俗认为，妇女裤子有秽气，不能近神灵，丈夫不会给神龙带走。

在龙舟决赛前，划乌龙的健儿怕舟速太快不平稳，特意在龙颈上捆上一条长木凳，谁知这如同给

鞭炮 起源至今有2000多年的历史。最早称为"爆竹"，是指燃竹而爆，因竹子焚烧发出噼噼叭叭的响声，故称爆竹。鞭炮最开始主要用于驱魔避邪，而在现代，在传统节日、婚礼喜庆、各类庆典、庙会活动等场合几乎都会燃放鞭炮，特别是在春节期间，鞭炮的使用量超过全年用量的一半。

粽情端午

端午节与赛龙舟习俗

龙添足。竞赛刚开始，乌龙就像脱缰野马狂冲向前，越过赛程无法控制，到那水深流急之处，钻入榕江水里。除了那个舵手被抛出江面外，其余的连舟带人都无影无踪了。

人们议论着，如果那舵手不穿女人的裤子，便会随舟入水，乌龙就会"龙洞入，虎洞出"。由于乌龙入水后欠缺舵手，就只能进而不能出了，因而有了船夫听到的呼唤声。

潮汕的谚语："红龙红彤彤，乌龙钻入洞"就是由此而来。

潮汕龙舟竞渡前，要分别把龙舟划到他们所奉祀的神庙去拜神，龙首朝庙门，划进划退参拜3次，谓"三参灯"，以祈神庇佑平安。赛后还必须演戏酬答龙神，名曰"压地灵"。

潮汕有些地方在龙舟下水前，要派人送请帖、送"明糖"给附近的各商家，请他们前来观赏。各商家接到请帖后，要备妥彩标，插于江边。当龙舟经过时，立即点燃鞭炮，并赠送彩标。受赠人把彩标带回家转赠给尊敬的人，以示吉祥如意。

有些地方在龙舟出赛前，要把祭拜的桃李撒向水中，成群小孩在水中进行嬉笑抢夺，称为"抢龙蛋"。他们在龙舟赛前都进行训练。竞赛时，划桨壮汉分坐两边，中间是击鼓总指挥，稍前还有一位打锣的。有些地方还要物色一个10岁至12岁左右的男童"靠龙规"。

端午节龙舟赛

■ 龙舟竞渡

葵扇 用蒲葵叶制成的扇子，炎夏可用来扇风，获得一份清凉，古代也用来在煮药时，药童加大火力之用。也是众人所熟悉的活佛济公手持之物，俗称"芭蕉扇"。蒲葵，一种棕榈科的常绿乔木，其叶大，柄长。

一般是当地的富豪子弟，长相标致，按小侠客装饰，扎头巾，束腰带，打绑腿，涂粉脂，穿着艳丽丝绸衣服，斜躺在龙颈上。竞赛时，一边摇着右手的小葵扇，一边配合锣鼓节奏吹哨子。

开赛之前，这个孩子就像戏曲明星一样，被大群红男绿女团团围住观赏。

龙舟竞赛在十分激烈的气氛中进行，舟上的健儿们倾尽全力边划水边呐喊，岸上的观赏者，也为自己村庄的龙舟呼号助威。经过多个回合的角逐后，胜利者夺得标旗，随后演戏及举行酒宴庆祝。

赛龙舟这天，男人们纵身江河，以除病保康。女人们取江河水洗头，说是洗龙舟洁净平安，又能祛头风。同时挑"龙须水"回家贮存、食用。

民间传说，贮龙舟水经久不变质，格外清甜，饮后消灾祛病。清光绪年间的《潮阳县志》记载：

端午酿角黍，且有汲龙船水饮之者。

清乾隆时期的《揭阳县志》写道：

端午，汲江水，储之谓之节水，经久不败。

后来，人们只把赛龙舟作为一项有益于身心健康的娱乐活动而流传了下来。

相传在江西南昌，端午节观龙舟赛，曾经是民间的一大盛事。每当端午节赛龙舟时，往往万人空巷，沿河两岸人山人海，喧闹欢呼至暮才散。划龙船一般从四月就开始筹备，南昌民谚说：

初一划、初二歇、初三初四划到节。

龙船有两种：一种是用来比赛的，船上不插旗

163

精彩演绎

龙舟文化

■ 龙舟

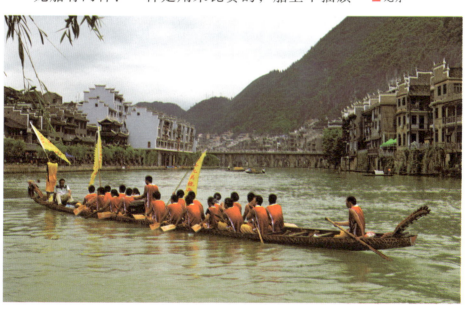

帜，数船并进，擂鼓助威，先到目的地者为胜；另一种是用来夺标的，船上彩旗招展，指挥者腰系红带，手持彩旗，站立在船头指挥。岸上有人用柳枝作标，系上神帛与铜钱，当夺标龙船靠近时，举标的人又跑往别处，龙船也随着时上时下，忽左忽右，颇为壮观。

每到农历五月初五端午节的清晨，成千上万的人便汇集在潦河两岸，观赏一年一度的龙舟竞赛。各乡村的龙舟随着鼓声冲过来，每只舟上彩旗猎猎，金鼓齐鸣，参赛健儿披红戴绿，雄姿英发。

随着指挥爆竹的一声巨响，各赛船在有节奏的鼓声、锣声、号子声及水手们的"哦、嗬"声中，如射箭般地向上游冲去。整个场面顿时沸腾起来，条条龙舟你追我赶，互不相让，鼓棹相竞力争上游。

岸上观众齐声为龙舟赛呐喊、助威，河面、河岸响成一片。两百多米宽的河面上，红的、黑的、白的、黄的、青的、绿的龙舟在震耳的声浪中奋进，构成一幅色彩缤纷，绚丽壮观的画面。

阅读链接

传说，明朝万历年间有一年端午节珠江龙舟赛，广州及四乡有几十只龙舟踊跃参赛，盛况空前，热闹非凡。

经过初赛、复赛的激烈争夺，最后已经100多岁的盐步龙舟和泮塘龙舟进入决赛。决赛当日，临近终点，盐步老龙舟眼看夺标在即，不料，泮塘龙舟站龙头的人一个鱼跃扑下水去夺了锦旗，随后以冠军名义领了奖品烧猪。

泮塘龙舟队回家乡时，泮塘父老得知详情，觉得夺标应是盐步老龙舟，便派人把烧猪送回盐步。盐步人不肯收下，你送来，我送去，彼此推让数次，情景令人感动。

最后，一位老人站出来说："你们别争了，这样吧，盐步老龙舟有须，泮塘的没须，一个做契爷，一个做契仔。"双方一听欣然答应，从此世代交好。